U0922969

# 河北省工程勘察设计大师丛书

## ——勘察卷

河北省工程勘察设计咨询协会 主编

天津大学出版社

## 编委会

# 序言

在全国各个领域庆祝、总结改革开放40周年之际，河北省工程勘察设计咨询协会积极配合河北省委、省政府的高端人才队伍建设和国家与地区的战略发展规划，专门组织编纂出版“河北省工程勘察设计大师丛书”，对河北省住房和城乡建设厅与人力资源和社会保障厅联合组织评选出的河北省工程勘察设计大师进行宣传，这是促进人才作用发挥和行业科学发展的一项很有意义、影响深远的工作。在此，我谨代表中国勘察设计协会，向河北省工程勘察设计咨询协会表示衷心的感谢，向河北省工程勘察设计咨询业界的专家们表达崇高的敬意！

以工程地质、水文地质和工程测量专业为基础，我国的“工程勘察行业”源于20世纪50年代，属于当时学习前苏联建立的分工体系，在工程建设领域，城乡规划、工程勘察与工程设计并列，技术管理法规各成体系。伴随我国的改革开放和工程建设持续多年的高速发展，“工程勘察行业”不断转型和成长，虽然迄今还沿用着最初的名字“勘察”，但行业的内涵——为社会提供科技服务已经发生了量与质的重大变化。早在1979年即我国改革开放的第二年，国家建工总局（住房城乡建设部的前身）即从提升行业服务能力的高度，前瞻性地组团到国外开展行业的现状和发展历史的调研，在深入研讨的基础上提出了与国际接轨、科技服务功能向“岩土工程体制”发展的建议方案。对此，国家计委（国家发展改革委的前身）给予大力支持，于1986年发文明确工程勘察可以向“岩土工程”（Geotechnical engineering）方向发展，自此启动了整个工程勘察行业转型提升发展的系统工程。1992年，建设部（现为住房城乡建设部）发文明确“岩土工程”的主要工作内容包括岩土工程勘察、岩土工程设计、岩土工程治理、岩土工程监测和岩土工程监理5大方面。与国际同行从单一的勘测资料提供向岩土工程技术服务业转型的发展相比，中国大约晚了半个世纪。

在国家计委、建设部的有力领导、统筹设计和配套推进之下，历经20年，与“岩土工程体制”相配套的法规制度逐步建立，涉及工程勘察企业资质下的专业（专项）资质设置、土木工程师（岩土）的资格考试与认定和注册执业、继续教育体系等；国家和地方的技术标准完成了从单一的工程地质勘察（勘测）向提供全面专业化服务的岩土工程体系转变，相关理论和应用研究广泛、深入，有效地发掘和创造出了行业的智力价值，不仅大大推动了行业的科技进步和技术能力的提升，更为社会提供了十分丰富的专业技术服务；服务内容覆盖城乡规划建设领域的规划决策、建设选址与项目可研、工程设计与工程建造、工程建设项目与城市基础设施系统运营的安全监测以及土壤、地下水的污染评价和修复治理等多领域和多方面。

回顾改革开放40年的行业成长历程，推行与国际接轨的“岩土工程体制”无疑是我国工程勘察行业实现转型发展和能力提升的根本动力和发展引擎，是我国改革开放的重要成果之一，意义深远，成果丰硕，其经历就是一个“供给侧结构性变革”的历史进程。这项涉及全行业变革的另一个重要成果，就是行业人才队伍的建设和发展，迄今为止，全国和20多个省、自治区或直辖市评选出来的数百名工程勘察设计大师是我国工程勘察行业杰出人才的代表。面对复杂多变的地质环境、岩土工程环境和建成环境风险，为满足不断提高的社会发展需求，全行业在过去的40年里为一大批举世瞩目的重大建设项目高质量、高水平地解决了复杂疑难的岩土工程问题，创造出丰富的社会效益、环境效益和经济效益，为我国社会的科学发展和规划、建设、运营的安全保障做出了十分重要的贡献。

根据住房城乡建设部2017年度行业统计数据显示，作为一个从业人员约20万、年收入近千亿元的行业，我们的工作成果质量直接影响到数百万亿建设、运营投资的经济效益和环境效益。我们在充分肯定30多年行业转型发展所取得的丰硕成果的同时，需要清醒地看到：整个行业科学发展的事业并未结束——我国工程勘察行业在服务内涵上虽与国际上通用的岩土工程技术服务业（Geotechnical engineering services）实现了对接，而且在为社会和客户提供新的服务、创造新的价值方面的提升空间巨大，但行业的发展还存在一些不足，国家层面在30多年前设定的行业发展目标尚未全面落实，体系尚不健全，如在法规体系上，我国参照联合国相关标准编制的国民经济行业分类（2017版）中并未及时地反映行业提供服务的发展现状，目前仍只有“工程勘察活动”一项（指建筑工程施工前的工程测量、工程地质勘察和咨询等活动）；在《中华人民共和国职业分类大典》（2015版）中没有相应的技术工人系列；《国家职业资格目录》（2017版）中未包含对岩土工程技术服务成果影响显著的职业岗位人员。因此，相关各方应当承前启后，共同研究，继续推进体系性行业建设工作的全面落实。

全国和各省的工程勘察设计大师评选管理办法都特别强调，发挥引领作用、促进工程勘察设计行业的技术进步，是工程勘察设计大师们的责任。为此，我们殷切期望工程勘察设计大师、业界专家和学者们在为城乡规划、建设、运行和行业科技发展提供服务、奉献智慧、发挥示范影响的同时，继续高度重视和关心、关注涉及全行业科学、健康、可持续发展的问题，一如既往地支持各级政府和主管部门与行业协会的工作，大力推动岩土工程和工程测量技术服务产业的可持续发展，促进全行业综合服务能力的不断提升，为社会的进步和国家的发展做出新的更大的贡献。

中国勘察设计协会副理事长兼工程勘察与岩土分会会长

中国土木工程学会土力学及岩土工程分会副理事长

全国工程勘察设计大师

2018年10月30日

# 前言

工程勘察设计作为技术密集型的生产性服务，在工程建设项目的决策和实施过程中发挥着至关重要的主导作用，是提高投资效益、推动节能减排、保护生态环境、确保工程质量和安全的关键环节。河北省委、省政府非常重视工程勘察设计行业的发展。在2009年中华人民共和国成立60周年之际，经河北省委、省政府批准，河北省住房和城乡建设厅、河北省人力资源和社会保障厅联合组织评选出河北省第一批工程勘察设计大师，其中包含工程勘察大师10名、工程设计大师10名、建筑大师5名；2013年评选出工程设计大师10名，其中包含结构、工业、机电、设备四个专业的人才；2017年又评选出工程勘察设计大师10名，其中包含工程勘察大师2名、工程设计大师5名、建筑大师3名。目前，河北省工程勘察设计大师共有45名。

为全面落实党中央、国务院关于雄安新区建设、京津冀协同发展的战略部署，把河北这个建筑大省建成建筑强省，河北省委、省政府决定，到2020年要共评选出55名工程勘察设计大师，从2017年开始，每两年评选一次。河北省工程勘察设计咨询协会为配合省委、省政府做好宣传工作，经河北省工程勘察设计咨询协会常务理事会决定，由协会组织编辑出版“河北省工程勘察设计大师丛书”，展现河北省工程勘察设计大师的风采，宣传河北省工程勘察设计大师的功绩，给全省工程勘察设计人员树立学习的榜样，推动河北省工程勘察设计技术的进步和发展；同时也让全国的工程勘察设计同行了解河北，帮助河北省工程勘察设计大师走出河北、走向全国。

编辑出版“河北省工程勘察设计大师丛书”在国内尚属首次，河北省工程勘察设计咨询协会为保证这套丛书的先进性、真实性，做了周密的安排和部署，所有入选丛书的河北省工程勘察设计大师，都是工程勘察设计大师所在单位推荐的，而且有所在单位的评价，以此保证工程勘察设计大师的先进性；每位工程勘察设计大师的材料都是由本人提供、工程勘察设计大师所在单位审核的，以此保证业绩的真实性。经认真审核研究，“河北省工程勘察设计大师丛书”最终选入了38名工程勘察设计大师。这38名工程勘察设计大师在各自的工作岗位上都立下了丰功伟绩，无论是学术和技术水平、执业操守、敬业精神，还是严谨的工作作风，都是广大工程技术工作者的楷模，其中有两名河北省工程勘察设计大师已被国家住房和城乡建设部评为“全国工程勘察设计大师”，所以这38名工程勘察设计大师能够代表河北省目前的工程勘察设计水平和精神面貌。

“河北省工程勘察设计大师丛书”委托天津大学出版社编辑印刷成册。丛书共分四卷，即《勘察卷》《建筑卷》《结构卷》《交通、水利、煤炭、设备卷》，既考虑了专业又考虑了行业。关于每卷中人名排序的问题，我们遵循先国家后地方，按政府批文的时间和排名，先者为上。这四卷分别安排四个单位负责组卷，《勘察卷》由河北建设勘察研究院有限公司负责，《建筑卷》由中国兵器北方工程设计研究院有限公司负责，《结构卷》由河北建筑设计研究院有限责任公司负责，《交通、水利、煤炭、设备卷》由河北省交通规划设计院负责。这四个单位均安排专人负责收集、组卷，做了大量的、细致的工作，在此我代表河北省工程勘察设计咨询协会对他们付出的辛苦劳动表示崇高的敬意和感谢。

工程勘察设计大师是一份荣誉，更是一份责任，责任与荣誉同在，盛名之下理应做出表率。希望各位大师不忘初心、牢记使命，为河北乃至全国的工程勘察设计行业的技术进步与发展做出更大的贡献。

梁金国

河北省工程勘察设计咨询协会

2018年10月19日

# 目录

# 梁金国

梁金国，教授级高级工程师，中共党员，现任河北省工程勘察设计咨询协会会长。1980年毕业于长春地质学院工程地质系，1984年在上海同济大学研修岩土工程；大学毕业后供职于河北建设勘察研究院有限公司，先后担任岩土工程测试技术研究所所长、岩土工程处处长、公司总工程师、总经理等领导职务。

**社会任职**

梁金国同志先后被石家庄经济学院、河北农业大学城建学院、河北理工学院、河北工业大学、河北大学、河北工程大学、河北科技大学、长春工程学院、石家庄铁道大学聘为兼职教授和硕士生指导老师；1996年被河北省科委聘为省科技成果评审专家；1996年开始担任《工程勘察》编委、中国工程勘察学术委员会常务理事、中国勘察设计协会常务理事、中国勘察设计协会工程勘察与岩土分会行业发展技术委员会副主任、河北省岩石力学与工程学会副理事长、河北省工程勘察设计咨询协会会长。

**个人荣誉**

1992年被评为河北省“十大杰出青年”和“青年科技标兵”；1998年被评为“河北省有突出贡献的中青年专家”；2009年被河北省住房和城乡建设厅、河北省人力资源和社会保障厅授予“工程勘察设计大师”称号；2011年被住建部授予“全国工程勘察设计大师”称号；2012年被河北省委、省政府授予河北省“巨人计划”首批创新创业领军人才称号；2015年被省委组织部授予“省管优秀专家”称号；2017年被河北省教育厅聘任为“河北省高等学校土建类教学指导委员会”副主任。

**学术成果**

梁金国同志在河北建设勘察研究院有限公司任职期间，紧抓国家经济建设迅猛发展机遇，积极开拓岩土工程新市场，率先在河北省开展岩土工程测试与施工，是河北建设勘察研究院有限公司推行岩土工程体制的奠基人。历经20多年的不懈努力，从2004年开始，公司连续十几年保持在全国勘察设计百强行列，梁金国同志为河北建设勘察研究院有限公司岩土工程事业的建立和发展做出了卓越的贡献。

梁金国同志在河北建设勘察研究院有限公司任职期间，勤于学习，善于总结，先后在国内刊物上发表科技论文40余篇；主编了3项地方技术标准，参编了3项国家技术标准，出版了3本学术专著；其参与的项目6次获全国优秀工程勘察银奖，获河北省科技进步奖一等奖1项、三等奖5项、建设部华夏科技进步三等奖1项；拥有2项国家发明专利；被同行们誉为河北省岩土工程学术带头人。

# 履历

梁金国同志出生于1956年12月，1980年毕业于长春地质学院工程地质系，1982年入职于河北建设勘察研究院有限公司，1984年在上海同济大学研修岩土工程。梁金国同志现担任河北省勘察设计咨询协会会长，教授级高级工程师。梁金国同志从入职河北建设勘察研究院有限公司后，历任技术员、助理工程师、工程师，1993年破格晋升为高级工程师，2001年晋升为教授级高级工程师；先后担任岩土工程测试技术研究所所长，岩土工程处处长，公司总工程师、总经理等领导职务。在公司任职期间，梁金国同志紧抓国家经济建设迅猛发展机遇，积极开拓岩土工程新技术应用，与公司领导班子成员一道，历经20余年不懈努力，使公司一直处于省内乃至全国的行业前沿，为河北建设勘察研究院有限公司岩土工程事业的建立和发展做出了卓越的贡献。

# 建立并拓展岩土工程事业

梁金国同志1995年担任河北建设勘察研究院有限公司总工程师，此时正值国家经济建设蓬勃发展时期，城市建设如火如荼，电力、冶金、机械制造、石油化工等行业加大投入，从省内到省外，各类岩土工程勘察与治理项目不断涌现，“河北建勘”员工的身影遍布全国。梁金国总工每年要策划和审定数十项大型工程项目的勘察、治理方案，带领广大技术人员为企业岩土工程事业的建立与发展壮大做出了重要贡献。

### （一）岩溶塌陷地质灾害的勘察与治理

唐山体育场岩溶塌陷地质灾害发生于20世纪80年代，造成了田径训练馆、主席台建筑物损害。为解决岩溶勘察的难题，在梁金国总工的指导下，勘察分公司制定了严密的勘察大纲，购置了先进的测试设备，采用钻探、物探等多种手段对唐山体育场岩溶发育场地进行勘察。从地下水位的变化解释了“天窗”的形成，利用瞬态面波剖面、连续地震映像等物探成果，从上覆土洞的发育、溶洞的展布等方面准确解释了岩溶地质灾害的现状；制定了填筑碎石、压力注浆等有效可行的治理方案，首次完成了从利用勘察发现问题，到提出方案、解决问题的科学与技术的有机结合。这一勘察与治理相结合的模式为今后类似的岩溶勘察工程提供了可借鉴经验。梁金国同志主持的唐山体育场岩溶勘察与治理项目获得了国家优秀工程勘察银奖。

唐山市体育场岩溶塌陷地质灾害治理工程

### （二）岩质边坡勘察与灾害治理

边坡的崩塌滑移是山区多发的地质灾害，梁金国同志指导的河北平—涉线岩质边坡的勘察与治理设计，是公司首次进行的边坡地质灾害的勘察与治理项目。传统的工程地质勘察，多以第四系松散层为对象，且多是建成区的工业与民用建筑地基土勘察，公司对岩质边坡的勘察与治理，自本项目开始逐步趋向成熟。

该项目是一个12 km长的公路侧岩质边坡，坡高

河北平一涉线岩质边坡的勘察与治理设计

60 ~ 120 m，坡度均在 70° 以上，局部为倒角状态，勘察治理前经常发生岩石崩落灾害，造成车辆与人员损伤。勘察将 12 km 范围内的危险区划分为 6 个坡段，在每个坡段以每 10 m 为一个调查点和描述单位，从坡顶至坡脚记录描述岩石的工程地质特征，并将这些地质特征标示在 1:200 的大比例图上，形象、逼真地展示了边坡的岩体结构类型特点，为边坡的治理研究和方案制定奠定了技术基础。该项目以野外调查、地质测绘为主，辅以岩石的力学试验，查明了边坡的工程地质条件，综合评价了岩体质量，应用先进的斜坡稳定理论和董兆祥教授最新研发的“岩质边坡稳定计算软件”进行分析计算，提出了合理可行的斜坡治理方案，并付诸实施，取得了预期的效果。该项目荣获国家优秀勘察设计工程一等奖。

### （三）大型高层建筑群勘察中新技术应用

21 世纪初，石家庄城区的单体高层建筑勘察相对成熟，但针对高层建筑群以及有大型整体底板要求的勘察与设计，在地基土参数及勘察与试验方法方面都对技术人员提出了更高的要求。梁金国同志指导的石家庄北国开元广场建筑群的勘察就是这样一个相对特殊的项目。

该工程由 5 栋高层建筑与裙楼组成，主楼 27 ~ 32 层，裙楼 6 层，地下 2 ~ 3 层。主体采用钢框架—混凝土筒体组合结构，拟采用桩筏基础，基础埋深 12.0 m。勘察通过钻探及深井平板载荷试验、扁铲侧胀等原位测试手段，提供了基床系数等较少用到的岩土参数，满足了特殊设计要求。勘察报告采用了富兰克有限差分程序，在天然地基条件下和 CFG 桩复合地基条件下，在考虑地基与基础协同作用的情况下对建筑群的沉降特征进行分析。他们协同设计人员解决了基础差异变形问题，提出了 CFG 复合地基处理方案并将其付诸实施，节约了工程造价。该方法得到了设计人员的赞同和业主的认可，此工程荣获全国优秀工程勘察银奖。

勘察施工现场（右二为梁金国）

### （四）瞄准国内桩基施工市场，率先引进旋挖钻机

为了提高工作效率，解决大型工业与民用建（构）筑物桩基础大面积施工问题，确保实现绿色环保，节约能源，在旋挖钻孔灌注桩施工过程中，梁金国总工带领广大技术人员认真总结经验，积极开展技术创新，发明了钻孔灌注桩后压浆技术（专利证书号第 318490 号），大大提高了单桩承载能力。这一技术的推广，为业主乃至国家节约了可观的建设资金。

宜宾电厂施工现场检查（左三为梁金国）

桩基施工现场（右一为梁金国）

**（五）大直径工程井设计与施工**

河北省遵化市北方矿业有限公司温家庄铁矿竖井工程是梁金国同志指导实施的大直径工程井项目之一。该工程项目位于唐山遵化市，距著名的清东陵 26 km，是开采磁铁矿的采矿竖井。竖井工程包括主、副两口竖井，成井直径分别为 7.6 m 和 8.3 m，深度分别为 286.5 m 和 284.5 m，钢筋混凝土井壁内径分别为 5.6 m 和 6.2 m。项目主要工作内容包括主、副两口竖井的工程地质勘察、竖井设计与成孔、井壁设计与安放、井壁监测等。

针对成井直径大、深度大，地层复杂，施工难度大等问题，方案设计过程中先进行勘察前导孔施工，了解地质地层分布情况，结合物探测井技术，确定各地层厚度和含水层深度，为成井和井壁安放及壁后充填提供了可靠依据。在钻探过程中采用了新型刮刀—滚刀组合钻头，分级扩孔，结合综合回转钻机和冲抓锥进行工艺创新，解决了巨厚漂卵石层钻进问题，提高了钻进效率。方案采用钻具重力防斜、设计专用导向器防斜和超声波测井仪垂直度监测等综合手段控制成井垂直度；采用光纤光栅测试系统对大直径超深钻孔井壁进行监测，为优化井壁结构设计提供了宝贵的数据。国内同行业知名专家经过评审，认为该项目成果总体达到国内领先水平。当时这项工程创造了几项华北乃至全国之最：竖井直径最大，钻进难度最大，预制井壁最大，吊装架设计与制作最先进，井壁应力监测方法最先进。本项目获得国家优秀工程勘察银奖。

温家庄铁矿竖井工程

**（六）代表性研究成果**

1. 编制《河北省建筑地基承载力技术规程》

岩土工程具有明显的区域性，建立地方承载力经验公式是一件十分重要的事。2001 年，河北省建设厅发文要求编制河北省地方标准《河北省建筑地基承载力技术规程》（以下简称《规程》），梁金国同志为主编。这是中华人民共和国成立以来，首次由政府拨款编制的地方标准，投资规模、编制阵容、参与人数均为河北之最。

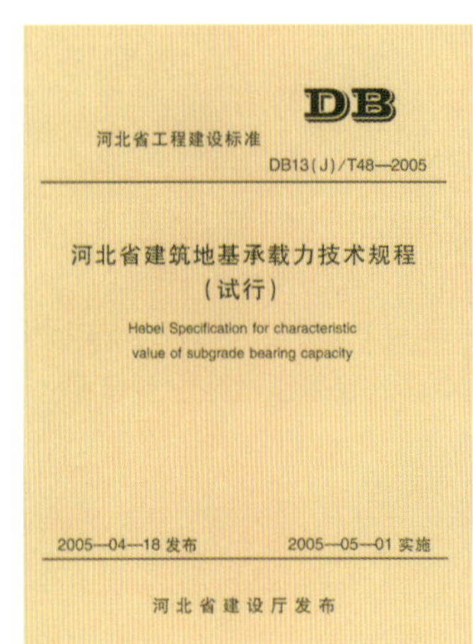

《河北省建筑地基承载力技术规程》书影

河北省的地域面积将近 19 万 km$^2$，其中坝上高原约为 1.6

万$km^2$,燕山和太行山约为9.01万$km^2$，河北平原约为5.72万$km^2$，滨海平原约为2.55万$km^2$。由于河北省地形地貌复杂，《规程》将全省划分为4个工程地质区（山区、山前平原区、内陆平原区、滨海平原区），公司会同省内有关勘察、设计、科研单位，共完成载荷试验综合对比资料716份，分别进行地基承载力经验公式的统计分析，共得到20个经验公式。该《规程》根据现行国家标准，规定了地基承载力的确定原则，结合省内建设经验和本次统计分析结果，给出了分区地基承载力经验公式和经验表，填补了河北省地方标准的一项空白。《规程》深得河北岩土界同行们的赞誉。

2. 非饱和土的抗剪强度的快速判定

非饱和土的抗剪强度理论研究已有近40年的历史，在地基承载力、土质边坡和路基稳定性评价中，土的抗剪强度指标是最重要的基本力学参数。目前工程设计中采用的抗剪强度指标主要采用直剪或三轴试验确定，没有考虑非饱和土的特性。然而，在我国华北和西北地区，大部分土地处于干旱或半干旱状态，工程实践中所遇到的土多是非饱和土，其抗剪强度随着饱和度的减小而增加。在很多岩土工程中，尽管土处于非饱和状态，但土的非饱和力学性质却常常被忽略，采用现有的强度理论制定的解决方案显然是不合理、不经济的。

非饱和土是指由存在于土颗粒周围的水—气界面的表面张力把土颗粒“凝聚”在一起的土壤。这种聚合力的存在会增加土颗粒间的剪切阻力。实验和理论研究表明，这种凝聚力会随着基质吸力的增长而增长。因此，非饱和土的抗剪强度理论研究大多是以饱和土的强度框架为基础，而引进了吸力的概念，其中具代表性的毕肖普（Bishop）和弗雷德伦德（Fredlund）抗剪强度公式，已被广泛接受。这些公式大多都将基质吸力作为单独一个变量考虑，而在实际工程中，无论从实际操作上还是精度要求上，基质吸力的测定都是非常困难的。

非饱和土的抗剪强度可以通过改进直剪试验或非饱和三轴试验来确定。然而通过试验确定非饱和土的抗剪强度需要很长的时间、占用很多试验设备，费用昂贵，这对于实际工程设计与施工非常不利。因此，梁金国同志和石家庄铁道大学冯怀平教授在研究分析前人提出的抗剪强度公式基础上，进一步归纳出基于区域性土水特征曲线数据库“无基质吸力项”非饱和土强度判断公式，设计研制试验设备，解决了这一难题。“区域非饱和土抗剪强度特性及快速评价方法研究”获河北省住房和城乡建设厅科技进步一等奖。

3. 基于应力传递分布规律的单桩承载力计算公式

传统的单桩承载力计算是根据现行行业标准《建筑桩基技术规范》（JGJY94-2018）给出的桩的极限侧阻力和桩端阻力累计得来的。通过钻孔灌注桩现场载荷试验测试结果，桩在竖向荷载作用下，桩的极限侧阻力和桩端阻力的发挥度，随桩的入土深度而衰减。其衰减的快慢反映了桩侧土侧阻作用的强弱，与桩的长径比有关。通过对试桩上部开挖发现，上部土体和桩身已经脱开，可以理解为是剪断的。基于上述情况，梁金国同志提出了考虑桩侧土侧阻发挥度分布规律和各层土的抗剪强度的单桩承载力计算思路，在与河北大学丁继辉教授的合作下，推出了基于钻孔灌注桩侧阻力发挥度分布函数，再引入桩周土的抗剪强度指标的单桩极限承载力计算公式：

$$\left.\begin{aligned} &R_s = Q_p + Q_s \\ &Q_p = \beta q_p A_P \\ &Q_s = u_p \sum f(z)\tau_{fi} l_i \end{aligned}\right\}$$

式中：$Q_p$为桩端总极限阻力(kN)；$Q_s$为桩侧总极限摩阻力（kN）；$\beta$为端阻力发挥度；$q_p$为桩端极限端阻力(kPa)；$A_P$为桩底端横截面面积($m^2$)；$u_p$为桩身周边长度(m)；$\tau_{fi}$为第$i$层土的极限抗剪强度(kPa)；$l_i$为第$i$层土的厚度(m)；$f(z)$为后压浆旋挖钻孔灌注桩桩侧阻力的发挥度分布函数，反映了桩身侧阻力发挥度随桩入土深度的变化。

通过该公式验算，符合桩的实际应力状态，所采用的桩周土的抗剪强度指标来自现场原位测试报告，其可靠度和精确度均比查表要好得多，是目前比较理想的计算方法之一。

# 科学管理，不断创新，领导“河北建勘”全方位可持续发展

河北省“巨人计划”首批创新创业团队领军人才合影（三排左六为梁金国）

### （一）建立科技创新体制

公司自2003年改制后，梁金国同志陆续参与制定了公司2004—2008年、2009—2013年、2014—2018年三个五年发展纲要，规划内容基本实现。根据发展纲要，进一步制定了“人才、设备、科技进步与技术发展分项规划”，以保证总体目标的实现。在科技进步与技术发展“分项规划”中对公司11个专业的发展进行了详细说明，对科技创新体制的建立做出了具体布署，主要措施包括：一，实施“双百”战略，即每年投入科研资金一百万，培训教育费用一百万，此“双百”战略自改制初期设立，反映了公司推动科技进步的决心和意志；二，指导技术人员开展“三个一”科技活动，即每名专业技术人员每年应参加一项科研创优项目、发表一篇专业技术论文、学习一本专业书籍，此项活动有力提升了公司技术人员的综合技术水平。

### （二）建设科研平台

2008年，梁金国同志主导申请建立了河北省岩土工程技术研究中心和河北建设勘察研究院有限公司博士后科研工作站，为推动岩土工程技术发展，提高科研创新技水平提供了新的平台。依托两个平台，公司充分利用行业和社会人才，为公司科技发展服务，不断改善科研环境。博士后科研工作站分别有北京交通大学程荷兰博士研究课题“大直径竖井井壁设计理论与应用研究”、武汉大学李建朋博士研究课题“岩溶地区建筑地基与基础勘察设计与施工关键技术”，课题均已顺利完成，带动了公司科研创优发展，并取得骄人成绩。唐山“大直径工程井”“体育场岩溶勘察与治理”项目分别获得国家工程勘察银奖。

在梁金国同志的倡导下，公司与国内10余所大专院校建立了产学研合作关系，举办“河北建勘校企合作论坛”，邀请行业内知名专家、教授研讨岩土工程发展的新技术、新方法，开拓了技术人员的眼界。同时，公司还与河北大学、石家庄铁道大学、河北工业大学等进行合作，共同攻克工程中遇到的理论与技术难题。

### （三）亲力亲为培养后备人才

按照人力资源发展规划，近些年公司每年接收大学毕业生20余名，其中多数具有硕士学历，这些具有青春活力的技术人员的加入，逐步改善了公司的人才结构，提升了员工素质。广大技术人员通过每年度的“科研与创优计划”，积极参加公司指令性科研项目、一般科研项目，主动参与公司、市、省等各级工程创优活动。“三个一”科技活动，从主、客观两方面提升了技术人员综合技术能力。梁金国同志担任总经理期间，公司与北京交通大学联合开办了岩土工程硕士研究生班，培养22名在职技术人员；与武汉大学联合开办了工程项目管理硕士研究生班，培养22名在职人员。近几年，公司还陆续派出3名优秀技术人员到美国田纳西大学、堪萨斯大学、亚利桑那大学等访问学习，积极学习国外先进的技术方法，加快了走向国际的步伐。

### （四）制订并实施科研与创优计划

梁金国同志指导制订每年度“科研与创优计划”（以下简称“计划”），按照轻重缓急分为指令性与指导性两类。一是设立指令性科研项目（如“风积砂的工程特性与处理技术研究”，2013年；“赤泥的工程特性与加

固技术研究”，2013年，等等），规划科技发展基金支持额度，落实责任人，明确项目目标，督促完成。设立指令性申报国家级优秀工程计划（如遵化市北方矿业公司温家庄选矿竖井工程、新疆农六师铝电有限公司岩土工程综合项目等），设立科技发展基金支持，明确责任人安排实施。二是设立指导性科研项目，对申报上级科技进步奖的项目均做出详细的计划并付诸实施。“计划”中对当年度申报的专利、工法，参编或主编的标准、规程均提出了具体要求。

**（五）积极推广技术成果，使其转化为生产力**

梁金国同志在担任总工程师、总经理期间，先后指导开展了后压浆旋挖钻孔灌注桩技术研究、石家庄市工程勘察地理信息系统设立、深基坑双排桩支护结构理论设计与应用研究、湿陷性黄土地区夯扩桩挤密桩设计与施工关键技术研究、桩身弹性压缩量应用研究、岩溶发育地区基桩施工技术研究、新近沉积软土地基处理成套技术研究、大直径工程井技术研究、岩土工程信息系统开发和岩土工程技术标准化研究等；仅2013年至2016年3年就开展了18项科研项目，科研经费达457万元；取得国家发明专利和实用新型专利9项，取得软件著作权5项，取得省级工程建设施工工法5项。多项科技成果成功应用于工程实践，解决了工程中遇到的技术难题，并具有广阔的推广和应用空间，取得了显著的经济效益，为企业新增经济效益约20亿元。

1. 后压浆旋挖钻孔灌注桩技术的研究

研究成果已累计推广应用于50余个工程项目，推广地区包括河北、山东、内蒙古、山西、陕西、辽宁、河南、吉林等，推广领域涉及工民建、化工、电力、冶金等行业，累计工程造价达20多亿元，为企业创造经济效益超亿元。此外，利用研究成果推广的工程荣获国家发明专利、全国发明展览会金奖、省十大优秀发明、省科技进步三等奖、省优秀工程奖、省优秀发明奖等奖项，一些研究成果被撰写成11篇学术论文发表。

湖北荆沙大桥施工现场（中间为梁金国）

2. 深基坑双排桩支护结构设计理论与应用研究

研究项目多属实践性较强的项目，在整个研究过程中密切与生产实践相结合，已推广工程8项，合同产值5 000.44万元，新增利润1 477万元，已产生了良好的经济效益和社会效益。在研究过程中，在国家核心期刊或全国性学术会议上发表项目相关论文6篇，其中2篇被《岩土力学》录用（2008年第10期和2008年第11期），该期刊是EI收录期刊，收录率达100%。《深基坑双排桩支护结构设计理论与应用》著作已由中国建筑工业出版社

内蒙古多伦煤仓纠偏项目现场（左一为梁金国）

出版发行。该成果获 2008 年度河北省科技进步三等奖。

3. 湿陷性黄土地区夯扩挤密桩设计与施工关键技术研究

该研究成果在朔州市格瑞特实业有限公司 2×135 MW 煤矸石综合利用发电项目工程、大同煤矿集团塔山 2×600 kW 坑口电厂工程等项目的夯扩挤密桩的设计与施工过程中得到了成功应用，减少了工程造价，提高了工程进度，保证了工程质量，社会和经济效益显著，实现综合效益约 620 万元。同时综合研究成果发表科技论文 5 篇。该成果获 2008 年度河北省科技进步三等奖。

4. 新近沉积软土地基处理成套技术研究

该成果已应用于大唐乌沙山电厂、华电芜湖电厂、江苏 LNG 项目、曹妃甸首钢搬迁工程、中石化石油储备库工程等多项国家重点或重大项目 31 项，合同产值 69 474.18 万元，新增利润 8 003.43 万元；在国家核心期刊或全国性学术会议上发表论文 9 篇。

5. 城市岩土工程信息系统的研究与开发

在北国开元环球中心岩土工程勘察项目中，利用工程钻孔资料对建立的层序标准和层序划分进行了应用与检验，极大地提高了资料整理速度，节省了时间。城市岩土工程信息系统运用在 10 多项岩土工程勘察项目和 10 余项沉降监测分析工程中，总计取得综合经济效益 100 余万元。在国家核心期刊或全国性学术会议上发表论文 15 篇。“城市岩土工程信息系统”“建筑沉降监测信息系统”取得国家版权局软件著作权。专家鉴定意见：项目总体水平已达国内领先水平。该成果获 2010 年度中国测绘学会科技进步三等奖、2010 年度河北省科技进步一等奖、2011 年度中国地理信息科技进步三等奖。

# 科技成果与荣誉

**（一）获技术发明（发明创造）奖情况**

① 2001 年“一种建筑混凝土”获国家知识产权局发明专利（第一名）。

② 2004 年“低强度混凝土桩复合地基技术规程”获河北省科技厅优秀创新成果三等奖（第一名）。

③ 2007 年“后压浆旋挖钻孔灌注桩技术”获中国发明协会等单位十大优秀发明奖、全国发明展览会金奖（第二名）。

④ 2012 年“一种土水特性曲线测试仪”获国家知识产权局实用新型专利（第一名）。

**（二）获科技进步奖情况**

① 2002 年“低强度混凝土桩复合地基技术规程”获河北省建设厅科技进步一等奖（第一名）。

② 2005 年“环境同位素在供水水文地质勘察中的应用研究”获河北省建设厅科技进步一等奖（第二名）。

③ 2006 年“唐山市体育中心岩溶塌陷地质灾害治理研究”获华夏建设科学技术奖励三等奖（第一名）。

④ 2007 年“河北省石家庄市第四系工程地质地层层序划分标准的研究”获河北省建设厅科技进步一等奖（第一名）。

⑤ 2008 年“石家庄市工程勘察地理信息系统”获河北省住房和城乡建设厅科技进步一等奖（第一名）。

⑥ 2010 年“城市岩土工程信息系统的研究与开发”获河北省住房和城乡建设厅科技进步一等奖（第二名）。

⑦ 2011 年“区域非饱和土抗剪强度特性及快速评价方法研究”获河北省住房和城乡建设厅科技进步一等奖（第二名）。

⑧ 2012 年“粉土地基大面积真空井点降水综合试验研究”获河北省住房和城乡建设厅科技进步一等奖（第二名）。

⑨ 2013 年“素混凝土桩复合地基综合试验研究”获河北省住房和城乡建设厅科技进步一等奖（第二名）。

⑩ 2013 年“强夯法加固风成砂土地基关键技术研究”获河北省住房和城乡建设厅科技进步一等奖（第四名）。

⑪ 2013 年“吹填土地基处理技术及工程应用”获河北省科技进步三等奖（第二名）。

⑫ 2014 年“地下空间开挖的关键技术与应用”获

河北省科技厅科学技术进步一等奖（第二名）。

**（三）其他获奖情况**

① 2004 年“河北省滦南县供水工程姜泡水源地勘探阶段水资源论证”获国家优秀工程勘察银奖(第八名)。

② 2004 年“唐山市体育场岩溶塌陷地质灾害治理工程”获国家优秀工程勘察银奖（第一名）。

③ 2005 年“平—涉线 S202 公路岩质边坡勘察”获全国城市勘察测量优秀工程一等奖（第一名）。

④ 2006 年“石家庄铁四局改造项目北国开元广场”获全国优秀工程勘察奖银奖（第一名）。

⑤ 2007 年“保定市电信枢纽楼扩建岩土工程勘察”获全国优质工程奖银奖（第一名）。

⑥ 2009 年“广西信发铝电有限公司靖西厂址东厂扩建项目岩土工程勘察”获国家优秀工程勘察银奖（第二名）。

⑦ 2011 年“城市岩土工程信息系统”获河北省优秀工程勘察设计一等奖（第二名）。

⑧ 2012 年“遵化市北方矿业有限公司温家庄铁矿竖井工程”获河北省优秀工程一等奖（第一名）。

⑨ 2013 年“新疆农六师铝电有限公司岩土工程综合项目”获河北省优秀工程一等奖（第二名）。

⑩ 2014 年“河北开元环球中心岩土工程勘察”获河北省优秀工程一等奖（第二名）。

**（四）主要科技论文**

①《湿陷性黄土地基夯扩挤密效应试验研究》,《工程勘察》, 2008 年第 10 期，第一作者。

②《石家庄铁四局改造项目北国开元广场岩土工程实录》,《岩土工程技术》, 2009 年第 3 期，第一作者。

③《河北地区水土特性曲线数据库实验研究》,《工程勘察》，2010 第 8 期，第一作者。

④《基于非饱和土理论的简化强度判断公式研究》,《工程勘察》, 2011 第 11 期，第一作者。

⑤《夯扩桩加固湿陷性黄土地基机理研究》，《岩土力学》, 2011 第 6 期，第二作者。

**（五）论著**

《低强度混凝土桩复合地基技术规程》

《DX 挤扩灌注桩技术规程》

《河北省建筑地基承载力确定技术规程》

《工程地质钻探技术标准》

《简明岩土工程手册》

《深基坑双排桩支护结构设计理论与应用》

《岩土工程新技术与工程实践》

《地基工程可靠性设计原理与应用》

## 在行业的影响力与崇高威望

在黄强主编的《新中国 66 周年岩土工程的人和事》一书中，梁金国同志在回忆文章《昨日之梦》中写道：“我很庆幸自己选择了工程地质专业，在我从事岩土工程工作的 30 多年期间，也非常幸运得到了很多岩土界知名专家和工程勘察设计大师的言传身教。在 20 世纪 80 年代和 90 年代初，是钱征教授教我如何利用强夯法处理松软地基，让我在河北第一个在滹沱河畔应用于“四六工程”，第一个利用碎石桩加强夯处理廊坊长途汽车站地基工程；是王步云大师教我如何进行地基化学加固，让我在河北第一个应用于河北省信访局既有办公楼地基加固工程；是闫明礼、滕延京所长指导我发明了硫铁矿渣混凝土专利，让我首次应用于衡水钢管厂复合地基工程。”

在 20 世纪 80 年代，梁金国同志在担任岩土工程测试技术研究所所长期间，最早在河北应用“水电效应法桩基无损检测技术”，使河北省建筑勘察研究院有限公司成为当时国内三家应用该方法的单位之一。测试的项目遍布全国，社会影响巨大。

在桩基施工和地基处理方面，河北建设勘察研究院有限公司已经走在全国最前列，这与梁金国同志始终不渝的努力开拓和勇于创新是分不开的。从设计理念到机具、工艺的研发，从建筑材料到检测方法的研究与新技术引进，从人才培养到技术管理都有很知名的建树。

梁金国同志有深厚的理论功底和实践经验，具有很强的敬业精神和良好的职业操守，培养了一批高端的技术骨干和学生，在国内有较高的知名度，受到广大同行的尊敬和拥戴。当选为河北省工程勘察设计咨询协会会长后，他大胆地在协会实行企业化管理，推行绩效考核，激发了协会成员的积极性，协会的精神面貌和工作效率有了明显的改变，得到主管部门和广大会员单位的高度赞扬。

# 聂庆科

河北建设勘察研究院有限公司总工程师，河北省岩土工程技术研究中心主任，河北建设勘察研究院有限公司博士后工作站站长，教授级高级工程师，注册土木（岩土）工程师、一级建造师，国务院特殊津贴专家，首届河北工程勘察大师。

**社会任职**

河北农业大学城建学院、河北大学、长春工程学院兼职教授，燕山大学、北京交通大学硕士研究生导师；河北省土木建筑学会常务理事。河北省土木建筑学会工程勘察学术委员会主任委员，河北省勘察设计协会岩土分会专家委员会秘书长，河北省土木建筑学会地基与基础学术委员会副主任委员，中国建筑学会工程勘察分会副秘书长，中国建筑学会地基基础分会理事，中国地质学会工程地质专家委员会委员住建部勘测标准委员会委员。

**个人荣誉和学术成果**

聂庆科同志先后被评为河北省新长征突击手、河北省建设科技先进个人、全国勘察设计行业科技创新带头人，2000 年和 2001 年连续两年被河北省委、省政府授予“河北省优秀青年”称号，并两次荣立二等功，2008 年被评为“河北省有突出贡献的中青年专家”，2009 年被评为“河北省工程勘察设计大师”，2010 年荣获国务院特殊津贴专家，2015 年被评为石家庄市市管拔尖人才，2017 年获河北省杰出专业技术人员称号，2011 年 5 月至 2012 年 5 月以高级访问学者身份作为河北省优秀专家赴美国田纳西大学学习一年。

经过多年的工程实践探索和技术总结，聂庆科同志取得了丰硕科研技术成果，作为技术负责人，先后开发建立了后压浆旋挖钻孔灌注桩、预排水动力固结加固软土地基、可考虑“冠梁协调作用”和“空间效应”的双排桩深基坑支护结构设计理论、“城市岩土工程信息系统”及“抗腐蚀混凝土”等多项原创新技术，促进了河北省岩土工程技术进步。作为第一完成人曾获河北省科学技术进步一等奖 3 项、三等奖 6 项，华夏建设科技进步奖 1 项；获全国发明博览会金奖 1 项，河北省十大优秀发明奖 1 项，河北省优秀发明奖 2 项；获全国优秀工程勘察设计银奖 5 项、全国优秀工程勘察设计行业一等奖 2 项、二等奖 3 项，河北省优秀工程勘察奖数 10 项。作为第一作者出版岩土工程相关专著 2 部，主编学术会议论文集 6 部，发表学术论文 80 余篇，其中 SCI 源刊、EI 源刊收录 30 余篇，获授权国家专利 16 项，软件著作权 8 个。

**单位评价**

聂庆科，现为河北建设勘察研究院有限公司总工程师，正高级工程师，国家注册土木工程师（岩土）、一级建造师（建筑工程）。1990 年 7 月毕业于武汉水利电力学院岩土工程专业，硕士学位，研究生学历；1997 年 8 月破格晋升为高级工程师；2002 年 12 月晋升为正高级工程师；现为河北农业大学城建学院、河北大学、长春工程学院兼职教授，北京交通大学硕士研究生导师。2011 年 5 月至 2012 年 5 月作为优秀专家由河北省人民政府选派到美国进行为期一年的学术访问。

聂庆科同志扎根岩土工程第一线近 30 年，始终将“创新”放在工作首位，已获授权国家专利 16 项（其中发明专利 6 项），软件著作权 8 个，河北省工程建设施工工法 10 项。他的创新成果获得 20 多项国家、河北省大奖，为公司带来了上百亿产值。他本人先后获得“河北省新长征突击手”“河北省建设科技先进个人”“全国勘察设计行业科技创新带头人”“河北省有突出贡献的中青年专家”等光荣称号，为我公司乃至河北省岩土工程行业的发展做出了重大贡献。

# 为岩土把脉擎起万丈高楼

聂庆科是20世纪90年代河北建设勘察研究院有限公司（简称“河北建勘”）分配来的第一位研究生，可谓是那个时代的“宝贝”。工作性质使得他不能如常人所想的那样在机关“体面”地工作。因为，每日与他打交道的正是岩石、泥土、泥浆。

工作之初，他每年的外业量至少在200天以上，常常是人还在出差返回的路上，第二天的火车票就已经送到家了。全面主持岩土工程工作后，他更是创下了三年换一辆车的记录，这与铺张无关，3年下来他始终奔波在项目一线现场，汽车行驶里程接近40万千米，这比地球到月球的距离都要长。

他喜欢创新，坚持创新，他的创新成果先后获得3次河北省科技进步奖一等奖，6次河北省科技进步奖三等奖以及众多工程勘察行业大奖，被人称为“获奖专业户”。

他戏言，在建设工程领域，他们负责的是地基与基础的稳固，为地下工程把脉，是名副其实的“地下工作者”。

**（一）初出象牙塔，开河北危房地基加固先河**

俗话说，万丈高楼平地起。实际上，万丈高楼要从地基起。地基的工程质量是保障高楼屹立不倒极为关键的环节。

1990年9月，刚刚走出象牙塔的聂庆科被分配到了“河北建勘”工作，他是公司来的第一位研究生。作为公司的“宝贝”，工作的第二天，聂庆科被派到了项目工地，成为该项目的技术员。

这是河北省某机关办公楼的危房加固项目，地面沉降引起了办公楼墙体开裂。经过与业主单位的沟通，双方摒弃了传统的加固方法，选择注浆法对地基进行加固。这次的危房加固工程开启了河北省注浆法进行危房地基加固的先河。

注浆加固地基的方法，是利用压力把浆液通过注浆管，强制注入地层中，从而使浆液与原来的土体紧密结合。选择新的施工方法，并没有想象中的简单。注浆设备的选择、浆液的调试以及注浆压力的选择等因素都影响着加固质量。这对初出茅庐的聂庆科而言，是一个不小的挑战。作为项目的技术负责人，聂庆科深感责任重大。

由于没有先例，聂庆科和同事们需要大量的试验数据进行支撑。通过对地质资料的了解以及进一步的勘察，聂庆科和同事制定了详细的施工方案。他们现场进行注浆试验，再将注浆好的地块深挖出来，将土样一块一块剖开，封装好送到实验室读取数据。一次次的试验，使得施工方案一步步完善，注浆效果与预期完全一致。

施工过程中，聂庆科这位拥有高学历的天之骄子，既能运用自己所学的专业知识将施工现场管理得井然有序，又能凭着良好的身体素质与农民工兄弟一起绑钢筋、拉水泥管、打桩，保障施工进度。一次，聂庆科和施工工人一起抬注浆管时，由于对方的一个失误，注浆管掉在地上的同时，也给他的左手留下了一道不小的伤疤。

实验室指导工作

1991年3月，经过半年的试验、施工，地基加固项目完工。聂庆科所在的危房加固QC小组被评为该年度全国工程建设优秀质量管理小组。

**（二）创新绿色施工工法，创效数十亿**

聂庆科爱钻研，喜欢接受挑战。用他自己的话来说，如果一个新的项目上不能取得些创新成果，自己这关都过不去。

1997 年，“河北建勘”承接沧州市电信局办公楼的桩基项目，聂庆科成为该项目的总负责人。按照设计方案的要求，桩基施工必须要用到后压浆工艺。这是一项其他公司的专利技术，当时的“河北建勘”并不掌握这种施工方法。

“河北建勘”找到这一专利技术的施工单位，希望可以由他们完成部分工程的施工。然而，对方开价太高，高到整个工程造价的 1/3 都要被拿走。接下来的施工该如何进行？

经过与领导沟通，聂庆科决定由公司自行研发。

后压浆属于专利技术，如果照搬别人的工法，就会造成专利侵权；自己研发新的施工工艺必须避开他人的专利点。经过多次实验，聂庆科完全抛开了原有的专利技术，将独创的后压浆工法与先进的旋挖钻孔技术有机结合，形成了一种新的施工工法——后压浆旋挖钻孔灌注桩施工工法。这一新的工法最大的特点就是速度快，没有泥浆污染，尤其适宜人口和建筑密集的城市。同时，在不增加桩径、桩长的条件下，可提高桩的承载力 50%~100%，提高施工速度 5~10 倍。

深入现场

作为一名工程技术人员，聂庆科具备丰富的实践经验以及敏锐的前瞻性。环保，这一近几年频频出现的字眼，他早在 20 世纪 90 年代就考虑到了。先进、绿色的施工工法吸引了众多业主的目光。

2001 年大年三十，石家庄人民会堂开工建设。这是石家庄市的重点工程，项目施工难度大、要求起点高，参与建设的单位均是河北省的顶尖企业。“河北建勘”负责了桩基部分的施工。业主单位看中的，恰恰是聂庆科研发的绿色施工工法。

桩基工程最大的污染是泥浆污染，按照传统钻孔灌注桩工法施工，1 方土会产生 3 方泥浆。泥浆的运输难度和成本更是桩基施工中的一大难题。如果按照传统方法施工，该项目将产生 4.5 万 ~ 5 万方泥浆。数量庞大的泥浆往哪运？

聂庆科创新研发的后压浆旋挖钻孔灌注桩施工工法使难题迎刃而解。经过 55 天的紧张施工，石家庄人民会堂项目桩基工程顺利完工，比预定时间提前了 45 天，工程总造价降低 11.8%。最重要的是，整个工程下来，需要排出的泥浆仅有几十方。

石家庄人民会堂工程专家论证会给出的意见：这一技术给钻孔灌注桩赋予了新的生命力和内涵，是在石家庄市建筑工程领域的首次应用。

后压浆旋挖钻孔灌注桩施工工法取得了国家发明专利，并获得 2006 年度河北省科技进步奖三等奖，2007 年第十七届全国发明展览会金奖及“河北省十大优秀发明”称号。截至目前，这一工法仍是公司的主要核心技术。仅这一项创新技术，已为公司创造了上百亿元的效益。

**（三）经年累积，成就“获奖专业户”**

对于技术创新，聂庆科有着执着的追求。出国访学，接触行业科技前沿，正是他一直以来的梦想。

2011 年，聂庆科作为河北省优秀专家获得省政府资助赴美国田纳西大学作访问学者。他的梦想实现了。这次出国访学，让聂庆科接触到了混凝土抗腐蚀新材料研究。

地下水和地基中含有较高浓度的硫酸盐和氯盐，会

在美国田纳西大学交流

新疆农六师项目

对混凝土或钢结构产生腐蚀，危及工程安全。而腐蚀是一种悄悄进行的破坏，一旦发生便不可逆转。针对工程防腐蚀的研究一直是工程界的重点和难题，长期腐蚀下混凝土耐久性寿命的预测更是世界性难题。以往腐蚀环境下的混凝土多采用特殊水泥或外添加剂，不仅增加了工程造价，其抗腐蚀效果也有待检验。

“我们可以改变一下传统的思路，理论上讲，用粉煤灰作为抗腐蚀添加剂可解决混凝土抗腐蚀的问题。”在田纳西大学，当聂庆科与老师聊到这个话题时，老师的一句话，令他看到了希望。

2011年11月，聂庆科牵头，与美国田纳西大学、北京交通大学共同研发，他们将Ⅱ级粉煤灰和矿粉作为主要材料开发抗腐蚀混凝土新材料。此次，他们还把研究成果搬到了一个正在进行的项目上。

新疆农六师铝业有限公司于2009年开始投资兴建一家集发电、再生铝、碳素等产品为一体的大型企业。科学合理的地基基础及岩土方案对该项目的建设及总投资有着重要影响。聂庆科说，新疆一些地区的地基土、地下水对混凝土具有强腐蚀性，建设工程中必须用到抗腐蚀材料。这个项目中，混凝土的造价要六七百元一方，造价非常高。

依托新疆的项目，聂庆科和团队成员通过室内试验和现场试验，进行不同组分、不同配比、不同外添加剂条件下配置的混凝土抗腐蚀试验。试验结果表明，将粉煤灰加入混凝土中，混凝土的抗腐蚀能力有了一定提升。最终，聂庆科以工业废料Ⅱ级粉煤灰和矿粉为主要材料，开发出了一种性能优良且经济的抗腐蚀混凝土新材料。

材料研发成功后，新疆农六师项目每方混凝土造价至少节省200元，整个地基工程造价降低30%以上。2013年，该项目获得全国优秀工程勘察设计行业工程勘察一等奖。

目前，该成果已成功应用于我国沿海地区、新疆地区以及伊朗、印尼等40余项国内外工程，产生直接经济效益约23亿元。应用的工程获国家优质工程1项，全国优秀工程勘察设计行业一等奖1项，全国化学工业优质工程2项，中国电力优质工程1项，河北省优秀工程勘察一等奖3项。项目还培养了1位博士研究生和2位硕士研究生。

一线厂房

同时，该项目还为Ⅱ级粉煤灰的应用提供了新途径，已应用工程消耗Ⅱ级粉煤灰约23.8万吨。河北省科技成果转化服务中心组织的专家评价意见中载明：该项目的实施可大量消耗工业废料Ⅱ级粉煤灰，成本低廉，成果转化成熟度达到回报级，经济效益和社会效益显著，项目总体达到国际先进水平。

“腐蚀环境下混凝土耐久性寿命预测与抗腐蚀材料研究”获2017年度河北省科技进步一等奖。这是以聂庆科作为第一完成人的项目第3次获得河北省科技进步奖一等奖。此前，聂庆科主持的项目6次获得河北省科技进步奖三等奖以及国家、省内行业类众多奖项。聂庆科因此有了“获奖专业户”之称。

河北建设勘察研究院有限公司博士后科研工作站、河北省岩土工程技术研究中心揭牌仪式

聂庆科将之归结为此前源源不断的创新积累。让他感到尤为自豪的是，通过此前不懈的坚持，2008年，河北省岩土工程技术研究中心和河北省首家岩土工程专业博士后科研工作站，落户“河北建勘”，聂庆科也成为首任中心主任和工作站站长。在他的主持下，两大创新平台取得了显著成绩。他先后主持多项河北省科技研究计划项目、河北省引智计划项目、河北省建设科技计划项目，被同行誉为河北省岩土工程学术带头人，为河北省乃至全国的岩土工程技术发展做出了突出贡献。

### （四）开展对外合作，向世界推介中国工程建设标准

在美国田纳西大学访学期间，聂庆科的另外一项重要工作就是收集欧美国家的工程建设标准，并与中国的工程建设标准进行对比。通过这一对比，聂庆科发现，我国的工程建设标准非但不落后，甚至比欧美的标准更先进。然而，现实情况却是，很多国家在建设工程领域，运用的大多是美标、英标，只有一些中国援建或者中国投资的项目才会用到中国标准。经过思考，聂庆科发现，我国的建设标准、规范虽然较为先进，但只有中文，没有英文译本，不好向外推广。

旋挖钻孔桩施工现场

“要让更多的国家认识我们中国的行业标准”，聂庆科心中埋下了一粒种子。

2017年，“河北建勘”承接了中国与孟加拉合作投资建设的电厂桩基项目。作为项目的大股东，孟加拉当地公司在项目建设之初要求采用美国工程建设标准来建

造。然而，技术人员发现，项目所处场地属于海相沉积地层，如果按照美国标准确定桩基的承载力会偏低，要满足上部结构的荷载要求，桩基数量会大大增加，工程造价也随之增加很多。如果按照中国的工程建设标准，采用后压浆旋挖钻孔灌注桩，桩基的承载力能大大提高，工程的造价也会随之降低。

如何说服孟加拉业主选用中国标准，成为摆在技术人员面前的一大难题。

聂庆科首先组织人员将中国的相关标准翻译成了英文版本，请技术人员将抽象的技术工艺用动画的形式表现出来，向对方推介，并在现场进行实验，用实验数据印证中方的观点，使孟加拉业主及外方专家对中国标准及技术有了直观的印象。最终，孟加拉业主采纳了聂庆科的建议，同意采用中国的工程建设标准及技术进行桩基设计与施工。

我国在工程建设标准的建设和管理上，已形成比较完整的体系，对比发达的欧洲和美国，我国的工程建设标准并不落后，我们有自己的优势。目前“河北建勘”在“一带一路”沿线国家中有部分正在施工的项目，他们也将逐步向国外推介中国的工程建设标准，将中国的标准推介到国际舞台。

# 杨书涛

河北省东光县人，1959年2月出生，中共党员，教授级高级工程师，现任中勘冶金勘察设计研究院有限责任公司副总经理兼总工程师，中国科技核心期刊《勘察科学技术》主编。1980年7月毕业于长春冶金地质学校水文地质与工程地质专业，1980年至1982年在东北工学院学习日语，1985年在同济大学岩土工程系研修，1990—1993年在河北农业大学农田水利工程专业读研究生并获工学硕士学位。1990年4月晋升为工程师，1995年4月被破格晋升为高级工程师，2002年晋升为教授级高级工程师；2003年5月获得中华人民共和国注册土木工程师（岩土）执业资格；2006年6月获得中国工程建设高级职业经理人任职资格；2009年被河北省住房和城乡建设厅、河北省人力资源和社会保障厅授予“勘察大师”称号。

**社会任职**

中国勘察设计协会勘察与岩土分会副会长；中国地质学会工程地质专业委员会副主任委员；中国建筑学会工程勘察分会第七届理事会理事；住房和城乡建设部工程勘察与测量标准化技术委员会委员；中国勘察设计协会工程勘察与岩土分会教育培训工作部主任；保定市地质学会副理事长；全国冶金建设高级技术专家。中国科技核心期刊《勘察科学技术》编辑委员会，主任。

**主持工程情况及荣誉**

自参加工作以来，杨书涛一直从事岩土工程勘察、设计、治理施工，地质灾害防治工程评估、勘察、设计和治理等工作，是一名理论基础扎实、技术实力雄厚、实践经验丰富的综合型人才。服务行业涉及冶金、矿山、石化、煤炭、建材、公路、市政和地质灾害防治等领域。他先后承担了国内外数十项大型复杂工程、重点课题项目，同时着眼于国际市场，足迹遍布全球40多个国家和地区，为国际友人解决了诸多岩土工程等技术咨询问题。目前杨书涛已主编国家技术标准规范4部、参编国家和行业技术标准和规程规范7部、在国内刊物上发表科技论文6篇、参编出版手册1部；主持完成的大型课题研究和工程项目荣获国家级优秀工程勘察设计银奖4项、铜奖1项，荣获省部级行业一、二等奖30多次；获得国家发明专利3项、实用新型专利9项，部级工法2项；被同行们誉为“岩土工程学术带头人”。

**单位评价**

杨书涛同志，1980年毕业于长春冶金地质学校水文地质与工程地质专业，1980年至1982年在东北工学院学习日语，1985年在同济大学岩土工程系研修，1990—1993年在河北农业大学农田水利工程专业读研究生并获工学硕士学位。

杨书涛同志自1980年被分配到冶金工业部勘察研究总院（2006年改制更名为中勘冶金勘察设计研究院有限责任公司）以来，先后担任冶金工业部勘察研究总院岩土地基公司主任工程师、地基所所长、总院副总工程师、院长助理、总院副院长兼总工程师、公司副总经理兼总工程师等职务。

担任中勘公司总工程师18年来，杨书涛同志每年策划和审定数十项大型工程项目的勘察设计和治理施工方案，其中50多项工程荣获国家级和省部级勘察设计奖。同时他兼任管理者代表，强调技术人员必须深入第一线，技术自主创新，以质量赢得市场；推行与国际接轨的质量、环境和职业健康安全管理体系，2001年公司通过质量管理体系认证，2008年通过新版质量、环境和职业健康安全管理体系认证。杨书涛以“工匠精神”带领团队科技创新，自主研发，公司获得30多项专利、软件著作权和省部级工法，2014年公司获高新技术企业称号。杨书涛在岩土工程管理方面成绩突出，作为学术带头人为中勘冶金勘察设计研究院有限责任公司的技术进步和繁荣发展做出了突出贡献。

杨书涛 ○

# 自传：恪尽职守 追求卓越
# 中医世家走出的地质人

我 1959 年 2 月出生于河北省东光县一个传统中医世家，在民风古朴的乡下，人们崇尚的“铁佛铸就侠义胆、泰山凌云走行宫”的气概，祖父辈传承教导的“尚勤俭、尚忠孝、尚教育、尚礼交”的观念，多少年来都深深影响着我的成长。作为大家族中的长子长孙，长辈们对我寄予厚望和关爱的同时严格要求，让我时时刻刻谨记要成为弟弟妹妹们的表率和楷模。祖父辈有一手治病救人之道，热心的乡里乡亲们总有一些相互接济。我在农村艰苦的环境中渐渐长大，养成了遇事善于动脑不服输的性格，遇到困难并不是被吓跑，而是开动脑筋想办法，撸起袖子弓腰做，一点一滴地稳扎稳打。这也使我在后来从事地质灾害治理过程中，对于每一个复杂岩土工程问题，必亲身查勘，如同中医把脉，针对不同的个体分析原因，找出它们的共性和不同之处，提出有针对性的治理措施。成长过程中，家庭的熏陶不仅培养了我追求卓越、勇挑重任的工作态度，而且培养了我求真务实、爱岗敬业的工作作风。

1975 年 1 月，不满 16 周岁的我高中毕业回乡务农，继续参加当时声势浩大、轰轰烈烈的“根治海河”工程。挥锹上土、搭磻推车、套绳拉纤都是我曾经熟悉的工作。当时虽只有 16 周岁，但由于聪明伶俐、四肢发达，我成为了很受众人欢迎的“秀才级”壮劳力，虽苦犹荣。有饥饿的感觉，才有强烈的求知欲望，经过一年的锻炼和舅父的教诲，1976 年年初我非常荣幸被“东光县根治海河指挥部”录用为“民技工”（农民技术工的简称）。在这里我第一次接触到了水准仪（匈牙利制造）、游标式经纬仪（日本制造）等高端测量设备，知道了高程、转角等一系列新鲜的名词。经过两周的培训，我被分配到漳卫新河复堤工地，从事堤坝干密度测试工作，学会了环刀取土、酒精烘焙、天平使用等与土的干容重测试有关的工作。同时，我对土和水的关系有了初步认识，曾不止一次在现场碾压过程中实施了晾晒和加水的措施，以确保新筑大堤的干密度达到 1.5 t/m$^3$。那时对土的认识虽是朦胧的，但已感觉到从未有过的神奇，令从小就在土中长大的我有了一种全新的感觉。

民技工是那个时期一种特殊的招工方式，不转移任何关系，在生产队每天给记 10 分工，同时在单位每月还能拿到 19.5 元的生活补贴。“19.5 元”对当时花钱按“分”计算的我来说，可是一笔不菲的收入。我是兄弟五人中的老大，从骨子里自然就有为父母分忧的愿望。那时农村吃“大锅饭”，物资匮乏，暖饱难保。在农村还有“半大小子吃死老子”之说，可我家是“清一色”的五个啊！父母生活的艰辛与付出可想而知，所以我每月都要攒出 10 元钱交给他们。到现在此事已过去 40 余年，但我第一次领到 19.5 元钱时的那份激动心情和我拿着 10 元钱交给父母时那种自豪的感觉仍记忆犹新……民技工的生涯虽然只有 1 年多的时间，但却对我的一生产生了深刻的影响。

1977 年恢复高考的历史号角刚刚吹响，我很庆幸在读书的年龄没有浪费太多宝贵的时间。不甘于平凡的命运，敢于去尝试突破自己，18 岁的我报考了长春冶金地质学校，主修水文地质与工程地质专业。同班 40 名学生，仅有 1 名同学比我小，有的同学比我大 10 多岁。“十年动荡”耽误了他们宝贵的学习时间，因此，他们再进校园如饥似渴，珍惜每一分每一秒的时间，而且他们还不畏别人的看法，甚至会把别人的奚落和嘲笑转化为自己强劲的学习动力。我深深地被他们的学习精神所感染，刻苦钻研、专心学习，假期参加野外地质实习，饱览祖国的大好河山。也就是从那时起，我深深地爱上了地质专业，从寒武纪到第四纪，从高山到湖泊……探索地球脉动、发现地球真知是我一生的追求。

大学生活不仅给予了我专业的理论知识，而且培养了我独立思考问题和解决问题的能力。1980 年毕业后，我被分配到冶金工业部勘察研究总院。我很荣幸作为优秀毕业生被推荐到东北工学院学习日语。2 年的强化学习，我熟练掌握了日语的听、说、读、写、译能力，开拓视野的同时为以后的日语文献阅读打下了良好的基础。1982 年作为冶金部直属的勘察总院，聚集了当年地质界的多位“大咖”，如徐正芬、周书举、王凯、李国新、李九鸣大师等，他们非常重视年轻人的培养。与优秀的前辈们一起工作学习，我们成长得很快。1985 年我被选送到同济大学研修岩土工程专业。1990—1993 年，我到河北农业大学农田水利工程专业读研究生并获得工学硕士学位。工作后再回到学校，人变得自主积极，学习有了目的性和方向性，同时校园里有知识渊博的教授指导传授知识，图书馆里有大量的书籍可供阅读参考，我的专业理论知识有了进一步提高。万丈高楼平地起，平时知识的积累总会有厚积薄发的那一刻。

研究生毕业后再次回到单位，我已感受到肩上的重担——为公司的发展做出自己应有的贡献。多年来，我在工作中对待前辈虚心学习，传承他们的光荣传统；对待同龄人如同自己的兄弟姐妹一样携手同行，共同进步；对待晚辈如同自己的孩子一样关爱他们，帮助他们。从中我也得到了大家的信任与支持。工作以来，我先后担任冶金工业部勘察研究总院岩土地基公司主任工程师、地基所所长、总院副总工程师、院长助理、总院副院长兼总工程师、公司副总经理兼总工程师等职务。2001 年担任冶金工业部勘察研究总院总工程师后，我每年策划和审定数十项大型工程项目的勘察设计和治理施工方案，多项工程荣获国家级和省部级勘察设计奖。

## 主要研究方向

杨书涛身兼中勘冶金勘察设计研究院有限责任公司副总经理和总工程师，科研进步与技术创新应用工作遍布全国，并拓展至东南亚、非洲、南美洲，足迹遍布全球 40 多个国家和地区，涉及冶金、矿山、建材、石化、煤炭、公路、市政和地质灾害防治等领域；先后主持国内外数十项大型复杂工程、重点课题项目，立足自主创新，积极践行建设资源节约型、环境友好型社会的要求，为社会提供了优秀的勘察设计成果，具有很高的学术水平，在国内具有广泛的社会影响和良好的业界评价。

踏勘印尼巴亚现场并指导技术人员工作 1

踏勘印尼巴亚现场并指导技术人员工作 2

### （一）复杂场地的工程地质评价与治理

随着我国经济建设的蓬勃发展，石油化工、冶金、建材等行业开始在远离城市的地方建厂，诸如山区边坡、近海软土地基、老矿采空区等更加复杂的场地需要进行科学评价与利用。杨书涛带领公司技术团队，总结多年来在冶金矿山领域的科研和工程实践经验，完成了一批建材、石化、煤炭、水利、市政等行业复杂场地的工程地质评价和治理项目。

2001 年完成了河北金牛能源股份公司 2 500 t/d 水泥厂扩建项目，在浅埋老采空区上建造如此庞大的工业设施国内外没有先例。采空区灾害治理随着我国用地紧张日益重要。本项目拟建场地所在的采空区埋深在30 ~ 110 m，前期资料缺失，采空区条件非常不利，大面积采空区顶板已发生冒落，塌落堆积体处于松散状态，上覆岩层开放性裂隙发育，局部岩石破碎，处理难度极大。杨书涛带领团队深入一线，细致工作。在勘察方面采用钻探、物探、现场测试等综合勘察技术方法，对浅埋老采空区的稳定性、可处理性进行了科学的分析与评价，数据准确，为下阶段治理提供了可靠依据。在治理方面，创新性地对粉煤灰与水泥组成的注浆料性能进行了系统研究，筛选出了适用于采空区处理的配比，既出色完成了治理任务，又变废为宝，节省了大量注浆材料和费用。

通过对采空区科学的勘察分析与论证评价，提出了采空区治理设计、施工及检测一整套合理的地基处理方案。该方案利用了工业废地，为国家节约了土地资源，同时也为业主节省资金近 3 000 万元。该水泥厂现已投产多年，从沉降观测结果看，效果十分理想。完成的技术成果“浅埋老采空区上建设 2×2 500 t/d 水泥熟料生产线——采空区评价与治理”于 2005 年获全国冶金行业优秀工程勘察一等奖，2006 年获全国优秀工程勘察银奖。

高边坡防护与滑坡治理工程现场查勘

现场指导抗滑桩施工

### （二）边（滑）坡评价与治理

矿山露天开采边坡、尾矿坝边坡以及山区建筑场地形成的高陡边坡，始终是岩土工程中最为复杂的课题，边坡地质灾害已成为矿山企业生产中的关键问题。杨书涛作为总工程师指导公司边坡优势专业，开展了包钢白云鄂博铁矿深凹露天边坡、迁安马兰庄矿深部开采边坡以及首钢矿山公司水厂铁矿新水尾矿坝加高稳定性分析等多项边坡稳定性评价科研项目，主持完成了国产实业福建水泥项目边坡、印尼巴亚高边坡防护与滑坡治理、迁安中化煤化工有限责任公司支架基础托换、支挡工程等多项边坡、滑坡工程的设计与工程实施项目。

国产实业福建水泥项目位于福建龙岩坎市，该项目处于山区开挖与回填场地，由于前期设计对开挖场地边坡岩土工程经验的不足，设计与施工未对边坡进行专项评价，当地花岗岩风化深度及残坡积层厚度大，初期设计坡度 1 ∶ 0.75，总体坡高 105 m（远超《建筑边坡工程技术规范》的适用高度 30 m）。开挖按设计较高的坡率进行，受暴雨影响，开挖至一半高度出现变形，边坡后缘张裂缝延伸至上部自然山体，坡高超过百米，致使铁路高压线路、通信线路和移动通信机站等设施处于滑坡变形严重影响区域内。他带领技术人员深入滑坡现场第一线，认真调查分析，从前缘变形起始到后缘连续张裂缝，查明变形机理，打破常规治理方法，制定了主被动结合防治方案，创新性地提出张裂前缘大直径锚拉抗滑桩与基底抵抗的锚拉排桩相结合的分段支挡结构，连同临空面框架锚索形成上下复合承载支挡体系。经过科学论证，确定由我公司承担该方案的施工。方案实施后，避免了大规模迁移电力通信线路和山体过度修整，节省投资超5 000万元，社会效益和经济效益巨大。到目前已过去10年，历经台风暴雨，边坡安全稳定。

身为公司副总经理兼总工程师的杨书涛，提倡公司发展边坡优势专业。工程项目科研评价和施工遍及首钢、包钢、鞍钢、河钢、迁安等所属矿山。2000年以来伴随着这些露天矿山进入深部开采，露采边帮及固定公路的稳定安全问题越发突出。2004年，他主持包钢白云鄂博铁矿东破碎带及滑体综合治理对策研究与防治项目，2007年荣获全国冶金行业优秀工程勘察一等奖。2011—2012年其主持完成的唐山首钢马兰庄矿沙河山采区边坡研究与滑体综合治理，解决了采区北帮多年难治的渗水滑坡，保证了矿山安全向深部推进，项目荣获全国冶金行业优秀工程勘察一等奖。

唐山首钢马兰庄铁矿边坡研究与滑体综合治理

视察矿山边坡治理工地

2008—2011年主持完成的包钢白云鄂博铁矿主矿南帮2～9行深凹（1 230 m以上）露采边坡工程地质勘察及治理对策研究，勘察的难点有以下几处。①最终高度达400 m的正常生产的露采边坡，场地地质条件极为复杂，表现为断层、岩脉错综复杂、岩性众多、滑坡等不良地质现象发育。②露天矿边坡特点是岩体开挖与边坡形成贯穿于生产过程的始终，开采的过程就是边坡形成的动态过程。边坡从地表开始，最初只有一个或几个台阶，最终可能形成含有数十个台阶的高大的岩体边坡，其形成过程一般需要数年或更长时间。边坡工程的最终形成亦标志着工程功能的完结和废弃。露天矿边坡勘察除需要查明岩性、构造等地质条件，还要重点查明生产爆破对边坡稳定性影响，研究目前靠帮爆破产生的应力波与地震波对保留边坡岩体的伤害特征，研究本场地合理的爆破工艺及爆破参数。

勘察工作主要在充分收集和深入分析前期边坡地质资料的基础上，采用以岩芯定向钻探、控制性钻探和高精度工程地质测绘为主要手段的勘探方法。现场测试工作以爆破测振和区内选择典型坡段小径斜孔法靠帮爆破试验为主。室内试验主要是进行岩石物理力学试验，重点是不连续面强度参数的测定。计算分析工作采用极限平衡与包括三维有限元在内的数值分析互相印证计算结果，对边坡角、地下水位、爆破震动、锚固等因素进行敏感性分析计算。充分运用当前国内外成熟的边坡加固技术和先进的设计理念，通过多方案经济与技术指标对比，设计人员提出综合整治方案设计及治理规划建议。

项目的创新点有如下几点。

①进行了小孔径斜孔靠帮预裂爆破试验，提出了适合于白云鄂博铁矿主矿的爆破方式。矿山生产爆破多采用310 mm大孔径炮孔，一次起爆药量大，巨大的爆破震动对矿山边坡稳定性（尤其是岩体条件差的边坡）构成严重威胁。进行爆破试验，总结出爆破对矿山边坡影响的规律，在生产过程中对爆破进行控制，从而使爆破震动对边坡岩体的伤害降到最低，最大限度地保留原岩的强度。试验表明小孔径斜孔预裂爆破

能够很好地保证破碎岩体边坡按设计成坡，大大降低了日后边坡的维护费用。小孔径矿山边坡靠帮爆破试验尚属国内首次。

②采用岩芯定向技术，进行了深部边坡岩体的节理裂隙研究，使得深部岩层的产状判定更加科学、有据。

③采用 FLAC3D 软件进行了边坡稳定性三维有限元数值计算，代表了当前岩土工程发展的最新技术。在边坡稳定分析中，人们往往将边坡进行适当的简化和处理，并在平面内进行分析。但由于自然界中发生的滑坡绝大多数呈三维状态，三维边坡稳定分析可以更加真实地反映边坡的实际状态，特别是当滑裂面已经确定时，使用三维分析方法可以恰当地考虑滑体内由于滑裂面的空间变异特征对边坡安全系数的影响。所以三维稳定分析有其独特和重要的意义。三维数值计算模型的建立，清楚地展示了该区域的地质构造，数值计算结果形象地说明了主矿南帮边坡破坏模式及发展趋势。

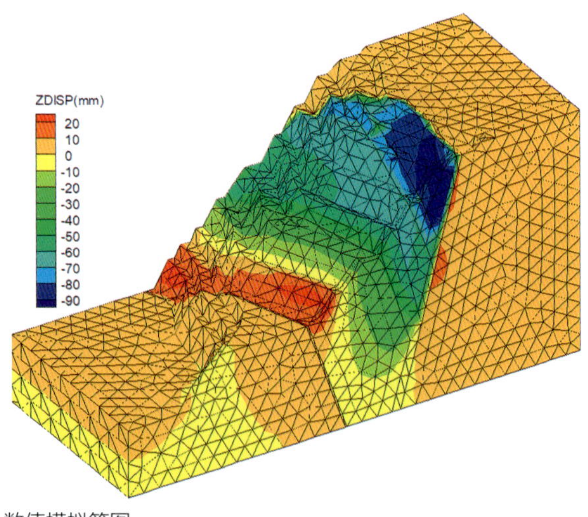

数值模拟简图

项目研究成果用于指导矿山运行生产，为矿山维护建设提供了可靠依据，解决了超大型矿山深部露天开采的技术难题，保证了安全地向矿山深部推进。该项目荣获 2013 年全国冶金行业优秀工程勘察一等奖。

**（三）复杂地基处理新技术的应用**

作为工程建筑地基，特殊场地诸如软土、吹填土、膨胀土、湿陷性土及沙土液化场地越来越成为工程建设的难点。杨总工主持和指导完成了曹妃甸钢铁基地、天津无缝钢管厂、青岛大炼油、首钢迁钢、太钢新场区、承钢回填边坡处理、四川普光气田、广东封开华润水泥、广东英德台泥生产基地、天津 LNG 项目、尼日利亚 dangoteibese 26 000 t/d 水泥基地、安哥拉 Nova Cimangola 5 000 t/d 水泥生产基地等大型工业场地地基处理方案的论证和实施工作，通过分析大量现场试验和室内试验成果，根据已有的工程技术经验，结合当地施工条件，创造性地提出经济有效的地基处理及检测方案，解决了建设过程中的难题。

承钢南山高填方支挡加固设计

天津实华原油商储基地预应力抗浮锚桩设计与施工

杨书涛同志总结在特殊地基处理和复杂桩基项目实施中的经验，研发新技术、新方法，获得授权的发明专利3项，实用新型专利9项，冶金行业部级工法2项，同时还发表了《逐级加载条件下软土地基固结 s-t 模型的建立与应用》《振动挤密碎石桩加固松、软尾矿坝体的体会》等学术论文。新技术、新方法在地基及桩基工程施工和检测的应用推广，为中勘公司技术进步再上一个新台阶，为扩大经营、高质量高效率开展桩基与地基工程开创了良好局面。

**（四）基坑及地下空间设计与施工**

城市建设中基坑开挖支护是建设工程的第一步，特别是具有深厚含水层、地下水位高的地区，若做到基坑工程自身安全可靠、周围建筑道路环境安全就需要进行翔实的科学分析。建设方往往因为投资控制，需要为基坑支护寻求经济可靠的方案。杨总工以扎实的理论知识和丰富的实践经验，大胆运用新技术，主持完成的基坑支护工程均获得成功，赢得了业主和同行好评。

其主持完成的山西省物业管理中心青年路40#高层住宅楼基坑支护与降水设计，通过分析论证，对坑内外高水位差采用桩间旋喷支护止水结构与降水井深、井位、井结构的合理配置，成功地解决了在深厚层粉土、粉砂中的降水难解问题，确保了坑壁稳定和相邻建筑物的安全。该项目获2003年冶金行业部级优秀工程一等奖。2004年杨总工主持完成华北电网有限公司秦皇岛电力公司综合调度楼基坑支护降水工程设计与施工，获冶金行业全国优秀工程勘察一等奖。2005年他带领团队完成首钢迁钢2 160 mm热轧项目主厂房及附属设施岩土工程勘察、设计及施工工程，荣获2008年度全国优秀工程勘察设计奖银质奖。2014—2015年指导完成的保定市第一中心医院门诊综合楼基坑支护、降水工程开挖深度达到15.5 m，地下水位埋深8 m，基坑东侧距离5层门诊楼仅1.5 m，其他三侧距离既有建筑物也不足10 m。因地层为粉细砂属粒状结构，支护方案采取降水与排桩加预应力锚杆支护，最终工程达到预期，有效保证了基坑周边建筑物的安全，受到业主好评。该项目获全国冶金行业优秀工程二等奖。

近几年是城市地下空间建设突飞猛进的发展时期，中勘公司在南京江北新区中心区地下空间一期工程中，承担了启动区1标段的地下连续墙与桩基施工建设，也实现了中勘公司单项超3亿元的工程项目。杨书涛从投标到开工建设几番亲临现场指导，针对超深（大于70 m）地下连续墙成槽、浇注段间止水和超重钢筋笼定位安装技术等，他制定了科学细致方案，保证了工程质量和进度，工程的顺利实施为下一步技术推广和应用打下了坚实的基础。

视察南京工地

指导改进新研发的钻头

超大型钢筋笼起吊安装

（五）地下水控制与工程应用

岩土工程中的地下水问题，特别是地下防渗工程、基坑及边坡工程等受水环境影响极大。杨书涛自 20 世纪 80 年代就开始参与地下水的控制与利用方面的学术研究与工程实践，研究成果应用在矿山及尾矿库防渗、基坑降水工程以及唐山滦河流域矿山地下水治理等。

视察天津大港降水工程

大多数边坡失稳与地下水的作用密切相关，地下水对边坡稳定性的影响受到工程界的极大重视。在边坡稳定性分析中，水作用力的计算正确与否直接影响其结果。代表性的项目“迁安腾龙铁矿扩帮边坡稳定性及卵砾层防渗研究”，腾龙铁矿采场境界圈尺寸南北长 1160 m，东西宽 260 ～ 550 m，南帮扩采终了边坡高度近 200 m。采场东侧 4 km 有滦河、西侧 2.4 km 有沙河，边帮上部岩土体为砂卵石，土体透水性、富水性极强，矿坑涌水量较大，若不进行止水处理，滦河将作为定水头补给水源，并以砂卵石土层为涌水通道，向采场内大量涌水。为保证采场正常生产作业，必须对该砂卵石层进行边坡安全稳定及止水防渗治理。在边坡上部设置的止水帷幕有效截断了卵石层地下水向矿坑排泄的通道，但坡体地下水径流、分布及压力发生变化，对边坡的稳定性形成一定影响。研究中综合运用基于极限平衡法的 Slide 计算软件和基于有限单元法的 MIDAS/GTS(岩土与隧道分析系统)数值模拟软件对腾龙矿南帮边坡进行稳定性分析。通过发挥两种方法的优点，全面、清楚地表现边坡在渗流作用下的应力应变、滑动破坏面及对应的安全系数。研究提出在 38 m 平台实施止水帷幕工程，止水设计主要针对微承压、透水性强的卵砾石层实施堵水防渗。对于上部细砂潜水层采取明沟排水措施。由于卵砾石层厚度变化差异较大，在 38 m 平台实施止水防渗工程，帷幕结构深度一般在 20 ～ 35 m，最深处超过 50 m，考虑帷幕结构特征及施工工艺，分区段分别采取相适宜的帷幕结构，深度不足 35 m 区段采用地连墙防渗帷幕，深度超过

视察迁安工地

35 m 以上采用排桩 + 高喷灌浆帷幕。为防止台阶坡破坏继而影响帷幕稳定，并对靠帮台阶边坡应采取护坡措施。止水帷幕以上、地下水位以下台阶坡面采用铺设碎石反滤层压坡疏水，台阶坡脚处设置截水沟疏排坡体渗水；止水帷幕范围内 18 m 以下台阶坡采取锚管及挂网喷射混凝土护坡措施。研究结果应用于防渗治理工程。根据项目实施后 4 年来的监测结果，止水效果显著，地下连续墙未出现任何变形，边坡整体处于安全稳定状态。

2014 年以来，中勘公司在地下水控制技术与工程应用方面，开始结合环境保护项目开展技术服务，已完成多项金属矿山尾矿库含有害离子地下水防渗的科研设计与施工项目，为企业和社会做出了贡献。

随着市政工程、港口及水利工程中若干深大基坑的出现，地下水位较高、含水地层为粉砂或淤泥夹粉细砂的基坑开挖降水往往伴随流沙困难，而且降水难度大，杨书涛根据近年来在地下水控制工程应用实践中的体会，提出的井点降排水法中管井附带特殊结构的关键技术改良，正在工程中试验改进。

# 科技成果与荣誉

杨书涛倡导创新，为客户提供优质服务。其主持和指导完成的科技研发和工程项目提升了团队的技术研发能力，开拓的面向国内外的技术咨询和服务为企业建设节约了成本，符合当下社会节约型发展模式。他在担任中勘公司总工程师近 20 年间，兼任管理者代表，强调技术人员必须深入第一线，技术自主创新，以质量赢得市场。他推行与国际接轨的质量、环境和职业健康安全管理体系，2001 年公司通过质量管理体系认证，2008 年通过新版质量、环境和职业健康安全管理体系认证。同时他带领公司技术团队，自主研发，科技创新，获得多项软件著作权和专利。2014 年公司获高新技术企业称号。

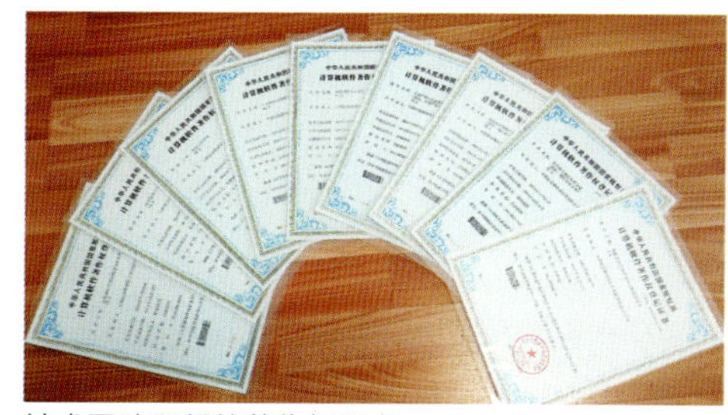

技术团队取得的著作权证书

**（一）获得的专利与工法**

1. 获得的发明专利

① 2017 年 1 月 25 日“抗浮锚桩施工方法”，授权号：ZL201310474953.7，获中华人民共和国国家知识产权局发明专利（第三名）；

② 2017 年 2 月 8 日“静载试验锚桩连接结构”，授权号：ZL201310475720.9，获中华人民共和国国家知识产权局发明专利（第二名）；

③ 2017 年 5 月 10 日“可重复使用的复合材料土钉墙支护面板的施工方法”，授权号：ZL201410012037.6，获中华人民共和国国家知识产权局发明专利（第三名）。

2. 获得的实用新型专利

① 2014 年 4 月 30 日“静载试验锚桩连接结构”，授权号：ZL201320629544.5，获中华人民共和国国家知识产权局实用新型专利（第二名）；

② 2014 年 4 月 30 日“钻孔灌注桩钢筋笼定位器”，授权号：ZL201320628836.7，获中华人民共和国国家知识产权局实用新型专利（第二名）；

③ 2014 年 5 月 28 日“PHC 管桩后注浆专用桩尖”，授权号：ZL201320628879.5，获中华人民共和国国家知识产权局实用新型专利（第二名）；

④ 2015 年 4 月 8 日“预制桩高应变法检测专用导向装置”，授权号：ZL201420584143.7，获中华人民共和国国家知识产权局实用新型专利（第二名）；

⑤ 2015 年 4 月 8 日“大粒径卵石地层钻进用泵吸反循环钻头”，授权号：ZL201420677815.9，获中华人民共和国国家知识产权局实用新型专利（第二名）；

⑥2016年8月10日“一种加强型预制方桩”,授权号:ZL2016201851903，获中华人民共和国国家知识产权局实用新型专利（第五名）；

⑦2016年8月24日“一种基坑桩间土防护装置”，授权号：ZL201620208321.5，获中华人民共和国国家知识产权局实用新型专利（第二名）；

⑧2015年4月8日“一种锚杆张拉可调辅助支撑器”，授权号：ZL201720270697.3，获中华人民共和国国家知识产权局实用新型专利（第一名）；

⑨2018年4月3日“一种防渗墙预埋注浆管定位装置”，授权号：ZL201720548346.4，获中华人民共和国国家知识产权局实用新型专利（第一名）。

获得的国家级专利证书

3. 获得的部级工法

①2014年10月27日“软土地区钻孔灌注桩钢筋笼孔口定位工法”，编号：YG007-2014，获中华人民共和国国家知识产权局新型专利（第二名）；

②2014年10月27日“单桩竖向静载试验锚桩横梁反力装置快速组装工法”，编号：YG006-2014，获中华人民共和国国家知识产权局新型专利（第二名）。

**（二）部分获奖项目（省部级一等奖及以上）**

①“马河西石门矿区地段治理”，1989年荣获国家铜奖。

②“天津钢厂第二炼钢厂主厂房技术改造工程地质勘察”，1987年获国家银奖。

③“软土地基固结本构关系参数的确定与应用”，1994年获联合国TIPS中国国家分部发明创新技术之星奖。

④“首钢矿山公司水厂铁矿新水尾矿坝加高稳定性分析”，2003年获部优一等奖，2004年获全国第九届优秀工程勘察银质奖。

⑤“山西省委物业管理中心青年路40#高层住宅楼基坑支护、降水设计与施工”，2003年获部优一等奖。

⑥“浅埋老采空区上建设2×2 500 t/d水泥熟料生产线——采空区评价与治理”，获2005年冶金行业优秀工程勘察一等奖；该项应用技术研究获2006年中国煤炭工业科学技术进步三等奖；荣获2008年度全国优秀工程勘察银奖。

⑦“华北电网有限公司秦皇岛电力公司综合调度楼基坑支护及降水工程”，获2006年冶金行业优秀工程勘察一等奖。

⑧“包钢白云鄂博铁矿采场破碎带及滑体综合治理对策研究与防治”，获2007年冶金行业优秀工程勘察一等奖。

⑨“首钢迁钢2 160 mm热轧项目主厂房及附属设施岩土工程勘察、设计及施工工程”，获2008年全国优秀工程勘察设计银质奖。

⑩“包钢白云鄂博铁矿东矿C区深部露天开采（1 230 m以上）边坡稳定性工程地质勘察及治理对策研究”，获2012年全国冶金行业优秀工程勘察一等奖。

⑪“白云鄂博铁矿主矿南帮2～9行深凹露采（1 230 m以上）边坡工程地质勘察及对策研究”，获2013年全国冶金行业优秀工程勘察一等奖。

⑫“平泉冀东水泥有限责任公司日产2 500 t特种水泥熟料生产线（带4 MW余热发电）项目——8 m以上高边坡稳定性勘察评价及综合治理”，获2013年全国冶金行业优秀工程勘察一等奖。

⑬“白云铁矿2010年边坡治理工程”，获2014年全国冶金行业优秀工程勘察一等奖。

⑭“迁安中化煤化工有限责任公司支架基础托换、支挡工程”，获2015年全国冶金行业优秀工程勘察一等奖。

⑮“迁安市赵店子镇腾龙铁矿边坡加固与砾卵石层

止水工程”，获2016年全国冶金行业优秀工程勘察一等奖，2017年度全国优秀工程勘察设计行业一等奖。

⑯“2013年尖山铁矿露天采场边坡综合治理工程（Ⅱ标段）——采场南边坡治理”，获2017年全国冶金行业优秀工程勘察一等奖。

**（三）主要科技论文、论著**

①《尾矿堆积子坝的沉积规律及尾坝砂密实度变化规律初探》，收入《1990年全国尾矿坝会议论文集》。

②《振动挤密碎石桩加固松、软尾矿坝体的体会》，收入《1992年全国第三届地基处理学术讨论会论文集》。

③《逐级加载条件下软土地基固结s-t模型的建立与应用》，收入《2003年全国岩土与工程学术大会论文集》。

④《在采空区上建设日产2 500吨新型干法水泥熟料生产线》，载《中国煤炭》2005增刊（第31卷）。

⑤《包钢白云鄂博铁矿东矿C区滑坡变形研究及边坡稳定性评价》，收入《2006年第二届全国岩土与工程学术大会论文集》。

⑥《简明岩土工程勘察设计手册》（任编委），并负责编写了《边坡工程岩土工程勘察》一章，2003年7月出版。

**（四）主编、参编规程规范**

①主编国家标准《冶金工业建设岩土工程勘察规范》（GB 50749）。

②主编国家标准《非煤露天矿边坡工程技术规范》（GB 51016）。

③主编行业标准《自由活塞薄壁取土器》（JG/T 5061.3）。

④主编行业标准《固定活塞薄壁取土器》（JG/T 5061.4）。

⑤参编国家标准《岩土工程勘察规范》（GB50021）。

⑥参编国家标准《冶金工业岩土勘察原位测试规范》（GB/T 50480）。

⑦参编国家标准《尾矿堆积坝岩土工程技术规范》（GB 50547）。

⑧参编国家标准《工程建设标准体系》（冶金部分）。

⑨参编国家标准《冶金工业建设钻探技术规范》（GB 50734）。

⑩参编行业标准《边坡工程勘察规范》（YS/T 5230）。

⑪参编行业标准《岩土工程勘察现场描述技术规程》（YS/T 5025）。

与协会领导会后合影

教育培训工作部成立大会合影

由杨书涛担任主编的国家核心期刊《勘察科学技术》书影

## 浅埋老采空区上建设 2×2 500 t/d 水泥熟料生产线——采空区评价与治理

通过对浅埋老采空区的勘察评价与处理技术的研究和应用，达到了在浅埋老采空区上建设大型水泥生产线的目的，应用地震法等三种评价方法，查清了采空区垮落、塌陷状况，为采空区的稳定性评价和注浆加固打下了基础。对粉煤灰与水泥组成的混合浆液物理性能和结石体的力学特征进行了系统研究，确定了适用于采空区加固浆液配比。对埋藏较深、采空区的上覆岩层较稳定的区域采用半充填注浆加固，形成支撑顶板的柱体，将顶板当作一个承载板看待，提出的顶板稳定计算模式国内外未见报道。杨书涛提出了采用压水试验结果评价采空区处理效果的工程检验标准。通过针对性很强的治理方法和独特的设计及施工工艺，对埋藏较深、采空区顶板较好的区域采取半填充注浆以形成托柱，具有创新性，不仅解决了冒落问题，而且有效节省了治理成本，为深埋采空区的处理提供了很好的借鉴。

该水泥厂现已投产多年，从沉降观测结果看，效果十分理想。

该项目于 2003 年 1 月 6 日建成投产。2005 年获冶金行业第十次部级优秀工程勘察奖一等奖，2006 年度中华人民共和国建设部全国优秀工程勘察银奖。

## 首钢矿山公司水厂铁矿新水尾矿坝加高稳定性分析

首钢矿山公司水厂铁矿新水尾矿库位于河北省迁安县和迁西县交界的新水村和磨石庵村之间“半月”形山间洼地内，汇水面积 2 $km^2$。库区的东、北、西 3 个方向各有 1 条沟谷。新水尾矿库 1971 年建成，初期设计坝底标高为 115 m，原设计堆积标高为 210 m，勘察时堆积坝顶标高达 196 m。为适应水厂铁矿生产发展的需要，提出最终堆积标高 230 m。因此，需要对新水尾矿库堆积标高为 210 m 和 230 m 时的坝体稳定性作出分析评价。

本项目勘察工作针对尾矿坝加高面临的液化稳定性、渗流稳定性、抗滑稳定性等特殊岩土工程问题，在充分利用前期勘察成果的基础上，布置适量的钻探、原位测试和室内试验工作量，很好地解决了上述问题。在进行岩土计算和分析评价时，采用了多种计算方法和综合分析的手段，取得了良好的效果。其液化评价注重利用 1976 年唐山地震时该尾矿库的实测震害反应，对液化计算参数进行合理的修正，确保了岩土计算参数更接近实际；采用电阻网络模拟试验对尾矿坝不同剖面进行了渗流分析，并对新水坝进行了三维电阻网络模拟试验；边坡稳定性分析采用静动力条分法和有限元法相结合，动力分析采取向池内延伸坝体的方法，即通过增加计算单元数量，减少边界上误差对坝体内部计算精度的影响，多种计算方法相结合提高了分析评价结果的可靠性。该项目为之后同类项目的工程勘察提供了借鉴。该项目荣获全国第九届优秀工程勘察银质奖。

## 包钢白云鄂博铁矿主矿南帮 2 ~ 9 行深凹露采（1 230 m 以上）边坡工程地质勘察及治理对策研究

白云鄂博矿区主要由主矿、东矿和西矿组成，全区矿体东西长 16 km，南北宽 3 km，是世界首屈一指的大型露天矿。白云主矿采场露采境界长 1 620 m、宽 1 140 m，坑底设计标高 1 230 m，采场最大边坡高度 432 m，设计矿石开采能力为 700 万吨 / 年。

项目的创新点：①通过试验总结出爆破对矿山边坡影响的规律，提出了适合于白云鄂博铁矿主矿的小孔径斜孔靠帮预裂爆破方式，大大降低了日后边坡的维护费用。小孔径矿山边坡靠帮爆破试验尚属国内首次。②采用岩芯定向技术，进行了深部边坡岩体的节理裂隙研究，使得深部岩层的产状判定更加科学、有据。③采用 FLAC3D 软件进行了边坡稳定性三维有限元数值计算，清楚地展示了该区域的地质构造，数值计算结果形象地说明了主矿南帮边坡破坏模式及发展趋势。

该项目荣获 2013 年全国冶金行业优秀工程勘察一等奖。

## 首钢迁钢 2 160 mm 热轧项目主厂房及附属设施岩土工程勘察、设计及施工工程

首钢迁钢 2 160 mm 热轧项目是首钢战略性结构调整的一座里程碑，对建设 21 世纪的新首钢有划时代的意义。项目总投资 40 亿元，是首钢投资最大的单项工程，采用德国西马克公司的设备和技术，对沉降要求非常敏感，主要由主轧生产线、加热炉、精粉区、钢卷运输线、旋流沉淀池等组成。其中热轧主厂房长约 650 m，宽 140 m，基坑深 7.3~15.3 m，地层起伏大，地质条件复杂，地下水位高，旋流沉淀池的基础埋深 35 m。针对该工程特点采用先进的勘察技术，提出经济合理的地基基础方案和深基坑开挖、支护和人工降水的建议并实施。超长热扎主厂房基础采用桩基与岩石天然地基相结合的方案，同时考虑在岩石天然地基部分增加抗浮锚杆满足抗浮要求，超大基坑降水采用管井，创新成井工艺和填砾方法，引入降水信息化动态施工方法，达到非常理想的降水效果，基坑支护采用专利技术“短土钉连续墙基坑支护方法”；附属设施采用 CFG 桩复合地基，解决了一系列技术难题，大幅度降低了工程造价。经长期变形监测，各项指标完全满足设计和规范要求，受到业主高度好评。

本项目是岩土工程一体化的典型案例，从勘察、设计、施工及检测监测，项目涉及内容丰富，有基坑、地基处理、降水，充分体现出岩土工程综合技术优势。该项目获 2008 年度全国优秀工程勘察设计银质奖。

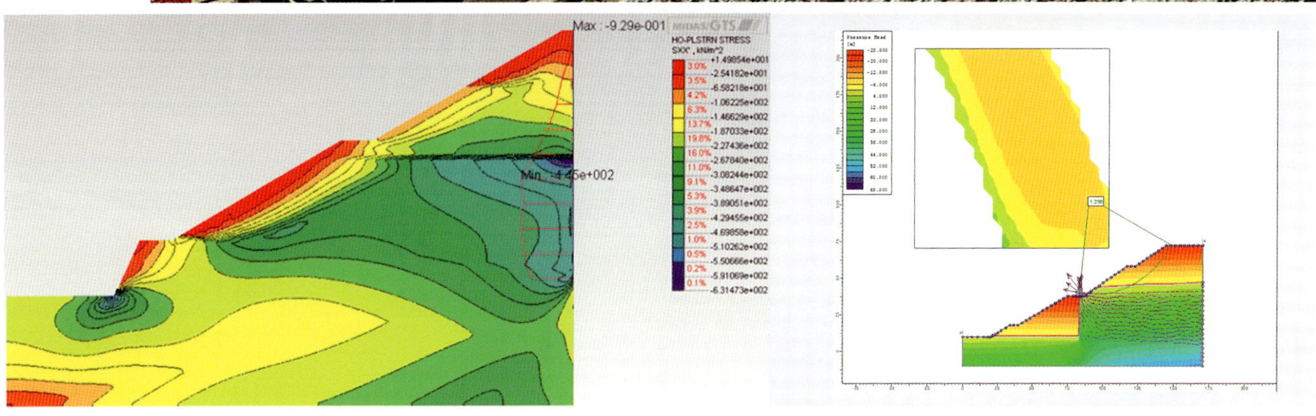


## 迁安市赵店子镇腾龙铁矿边坡加固与砾卵石层止水工程

该项目为超大型露天矿山，作为技术负责人杨书涛主持完成了从可研、勘察、设计、治理施工和监测全过程技术服务。项目实施其关键是地下水控制要面对动态开采边帮上深厚（厚度超过 40 m）砾卵石承压含水层。该铁矿南帮扩采终了边坡高度近 200 m，上部第四系为滦河三级阶地沉积的粉砂和砾卵石层，其透水性极强。采场临近滦河、沙河，河水长年径流，治理难度很大。为此首先进行前期可行性研究，再对止水结构轴线进行详细勘探，掌握详细地层分布和地下水涌水状况，采用上部粉细砂层潜水明沟排水、边坡挂网喷射混凝土，明沟排水基脚设置石笼护坡。下部砾卵石层微承压水，设止水效果好又兼具支挡功能地下连续墙作帷幕止水结构；沿轴线 1200 m 选取 14 个分析剖面，优选出符合规范要求的最大安全边坡角，采用了极限平衡法和数值模拟法，确定了南扩帮分台阶边坡设置和止水帷幕的安全位置；2015 年综合防渗工程完成，采场地下水渗流控制效果显著；南帮边坡及地下连续墙处于稳定状态，确保了矿山采场扩帮顺利剥采靠界，避免了矿山开采大量排水对周边环境的影响，保护了珍贵的水资源。同时也避免矿山常年大量排水对生产的影响和生产成本的增加，在保护水资源的同时也为矿山节省了大量成本，可谓一举多得。由于该项目的示范作用，又有多处迁安、滦县的类似矿山实施了类似工程，均收到良好效果。该项目的成功也为河钢司家营矿区均提供了成功经验，该项目荣获 2017 年度中国勘察设计协会全国优秀工程勘察一等奖。

## 主编国家标准《非煤露天矿边坡工程技术规范》GB 51016

本规范共分 11 章和 6 个附录，主要技术内容包括：总则、术语和符号、基本规定、边坡工程勘察、边坡稳定性评价、边坡监测、边坡靠帮过程控制与维护、边坡治理工程设计、边坡治理工程施工、工程检测与验收、安全与环保等。该规范历时 3 年多完成，2014 年 7 月 13 日发布，2015 年 5 月 1 日实施，填补了露天矿边坡治理标准的空白。

## 主编国家标准《冶金工业建设岩土工程勘察规范》GB 50749

本规范共分 11 章和 6 个附录，主要技术内容包括：总则、术语和符号、基本规定、岩土分类、各类工程勘察基本要求、工程地质测绘、勘探取样与测试、地下水、水与土腐蚀性测试、资料整理与岩土工程分析、勘察报告的基本要求和主要内容等。该规范 2012 年 1 月 21 日发布，2012 年 8 月 1 日实施。

# 王长科

王长科，男，汉族，1964年出生，籍贯河北邯郸永年，工学硕士，注册土木工程师（岩土），正高级工程师，河北省工程勘察设计大师。1980年毕业于河北永年第二中学；1984年本科毕业于河北农业大学水利系，获工学学士学位；同年考入华北水利水电学院北京研究生部攻读硕士学位，岩土工程专业，师从我国著名土力学家王正宏先生，1987年研究生毕业获得中国科学院水利电力部水利水电科学研究院工学硕士学位。

**社会任职**

现任北方工程设计研究院有限公司职工董事、科技委委员；中国兵器工业北方勘察设计研究院有限公司总经理、法定代表人；河北省地下空间工程技术研究中心主任；王长科大师工作室主持人；微信公众平台“岩土工程学习与探索”创办人；国际土力学及岩土工程协会会员、国际工程地质协会会员、全国注册岩土工程师执业资格考试专家组副组长、全国注册土木工程师（岩土）继续教育工作专家委员会委员、住房和城乡建设部工程勘察与测量标准化技术委员会委员、中国勘察设计协会工程勘察与岩土分会副会长、中国土木工程学会土力学及岩土工程分会施工技术专业委员会委员、中国建筑学会工程勘察分会常务理事、地基基础分会理事、中国土工合成材料工程协会理事、河北省土木建筑学会地基基础学术委员会副主任、河北省地理信息产业协会副会长、河北省BIM学会副理事长兼秘书长、河北省工程建设标准化协会副会长；石家庄铁道大学、河北大学、河北农业大学、河北地质大学、河北科技大学、防灾科技学院等兼职教授。

**主要工程情况及荣誉**

王长科同志自参加工作以来，先后发表论文117篇，出版著作11本，编制国家技术标准2项、省级技术标准3项，立项完成科技成果省级鉴定7项，拥有国家发明专利1项、实用新型专利3项，获得省部级科技进步、优秀工程勘察设计奖项31项。王长科同志对工程建设中的土力学及岩土工程问题进行研究，在工程勘察、地基基础工程、基坑及地下空间工程、岩土地震工程等领域提出了许多新见解，并积极用于实践，取得良好效果，对推动解决工程实践难题和促进岩土工程行业科技进步做出了贡献。出版有《工程建设中的土力学及岩土工程问题——王长科论文选集》。在嫦娥三号登月研究中，成功研制出第一代低重力模拟月壤，为飞船成功登月做出了贡献。

**单位评价**

王长科同志眼界开阔，敬业精神好，理论基础扎实，工程经验丰富，创新能力强，先后从事水工结构设计、岩土工程专业技术工作，主持完成大型水库加固设计、兵器工业与民用建设项目的工程勘察与岩土工程项目多项，荣获省部级优秀勘察设计奖多次；并对工程建设中的土力学及岩土工程问题进行研究，在工程勘察、地基基础工程、基坑工程、岩土地震工程等领域提出许多新见解，为更好解决当期工程问题发挥了作用。尤其是他提出的地基第一拐点承载力基本表达式、土钉支护设计新方法和旁压试验新理论及工程应用新方法，为推动学科进步做出了贡献。

# 大师自传

1964 年，我出生在河北邯郸永年县的一个平原村庄（现已划归邯郸市），按照我家的家谱记载，祖先于明朝永乐二年（1404 年）从山西平阳府迁来。祖上一直务农，对知识分子十分敬重。

我的童年是在村里度过的。在我们村里的学校我完成了小学和初中的学习。学校老师十分优秀。老师们和乡亲们对我帮助很大。记得小时候我很喜欢数学，上初中时，村里要修建一个砌砖小拱桥，拱券为圆弧形，匠人们第一次做，支模放线做不好，就来找我，我很高兴也很有兴趣，很快用三角板和量角器画图计算，帮助解决了拱券的放线。现在想起来这件事儿还是很有意思的。另外还记得一件事儿，就是初中毕业参加物理考试，我用线绳的办法分析了复杂电路电阻的串联或并联关系，当时还没有其他人想到这个办法。

在定州工地向姜泽栋董事长汇报工作

1978 年我考入永年县第二中学读高中。学校在永年广府城里。广府城在永年洼淀，滏阳河畔，有 2 600 年历史，洼淀面积超过 20 km$^2$，有芦苇荡、“荷花世界”，护城河里的水碧波荡漾。广府城是杨氏、武式太极拳故里，古城保存完好，真真是一座古城、水城、太极城。永年二中的前身是明朝的春晖书院，到了 1902 年，清政府废书院改为了学堂。中华人民共和国成立后，成立永年县第二中学。高中阶段的早操、上课、食堂排队、竞赛小组、晚上 10 点强制熄灯，还有登城墙，看晚霞，写作文，课间同学之间的太极拳简易推手、打手，这一切，都给我留下了深刻印象。广府环境古朴、优雅安静，在那里我全身心地投入了学习。其实那个时候条件比较差，但我当时从未意识到条件差。高中阶段我打下了良好的数学、物理和化学基础。高考那一年，我的高考成绩中，物理单科成绩位居全校第一。

1980 年，我 16 岁，高中毕业了参加高考，考入河北农业大学水利系农田水利工程专业，本科。当时高考是农业类院校优先录取，就这样，我被本来作为保底的志愿录取了。河北农业大学，位于保定市南关，前身是 1902 年慈禧御批成立的直隶农学堂，图书馆藏书量很大。农业大学的水利专业不同于单纯的水利学院，学的很宽泛。记得夏亨熹老师讲授弹性力学，他的声音很有磁性，很有气场，第一次让我们知道了笛卡尔坐标系。夏亨熹是知名空间结构专家，在网架结构领域上有独创，听说还特别受到了英国学界的推崇。夏亨熹后来做了水利系系主任，在升任学校校长期间，推出太行山办学道路。这几年中央号召学习当代愚公李保国的先进事迹，李保国就是那一时期涌现出的先进典型。当时夏亨熹提出水利系毕业生的几个新拓展发展方向为：钢结构、岩土工程、建筑学。骆筱菊老师带领我们 4 个同学做岩土工程

和姜泽栋董事长一起在定州基坑内检查安全工作

到河北建华管桩厂参观学习

方向的毕业论文，题目是“土的非线性应力应变关系试验研究”。骆筱菊老师和蔼又严谨，对土的工程性质研究很深，让人一见就觉得她术业有专攻。我的毕业论文试验工作是在当时的冶金工业部勘察研究总院完成的，全国工程勘察设计大师李国新时任总工程师。当时骆老师带我们去冶金勘察总院做试验时，李国新接见了我们。握手时我感到李总的手特别软。李总很和蔼，给我们讲了应力对土性质的影响，还给了我们一些日本的岩土工程技术资料。

在农大上学，课程实习是很多的。其中地质实习安排在秦皇岛的石门寨，据说这是我国一个具有代表性的高校地质实习基地。我们班分为几个小组，大家带上地形图、罗盘、干粮、水和笔本，一出去就是一整天。大家沿着一条线，对沿线水文地质、工程地质和环境地质情况进行测量记录。

大学三年级时，有一位程玉川先生，是材料力学老师，给我们班讲了毕业报考研究生的注意事项。我选择了报考岩土工程专业研究生，考试科目有：高等数学、材料力学、土力学、外语、政治。考试之后，我初选入围，参加面试后，耐心地等通知。有的同学率先来通知了，打开一看，未被入取，鼓励其为“四化”做贡献。我的通知书是最后一个来的，录取了。在农大读书期间，我参加了马克思主义哲学学习小组，期间在学校图书馆业余读了不少书，尤其是哲学、历史和世界名著。

1984 年，我 20 岁，大学毕业了，记得是 9 月份到北京西郊花园村华北水利水电学院北京研究生部入学，开始攻读硕士研究生的。我的专业是岩土工程，方向为土力学，导师是王正宏老师。后来知道王老师原来是一位土力学名家泰斗，他是我国土力学、土工试验、离心机、软基处理和土工合成材料工程应用的奠基人之一。王老师 2018 年已逾 94 岁，身体健康，爽朗，神采依旧，依然关注岩土工程学科发展和学生发展。王正宏老师是江苏镇江人，长期跟随黄文熙先生，从中华人民共和国成立前开始，先后在南京水利实验处、中国科学院水利电力部水利水电科学研究院和华北水利水电学院北京研究生部从事土力学及岩土工程的科研和教学。王老师的外语是童子功，在给我们讲授高等土力学时，常常中英文混合。我们班同学就是这样一开始就熟悉了高等土力学的英文词汇，为后来阅读英文文献创造了条件。我们这个高等土力学班是个联合班，联合了研究生部、水科院、清华大学、铁科院，老师们来自各个单位，有王正宏、濮家骝、卢肇均、周镜、杨灿文、汪闻韶、蒋国澄、陈愈炯、卞富宗、曹健人等。其中汪闻韶、卢肇均、周镜都是当时的中科院学部委员。我有机会聆听这么多名家的授课，收获颇丰。记得陈愈炯老师在讲土工试验时，说直接剪切试验的快剪记为 Q，英文是快的意思，慢剪记为 S，英文是慢的意思，固结快剪记为 R，因为 R 在英文 26 个字母中，其顺序位置介于 Q 和 S 之间，所以固结快剪记为 R。

有一次我们在清华上完一节高等土力学课后，正在跟着黄文熙教授攻读博士的李广信，在清华食堂请我们几个吃包子。当时的李广信、龚晓南都是我国自己培养的岩土工程专业首批博士生，李广信是黄文熙的真传弟子，后成为一代土力学名家。龚晓南是曾国熙的真传弟子，现为中国工程院院士。

读研期间，我学了两个真传。一个是土力学，我的老师是王正宏，王正宏的老师是黄文熙，黄文熙的老师是太沙基，世界土力学鼻祖；另一个是弹性力学，我的老师是徐慰祖，徐慰祖的老师是徐芝纶，徐芝纶的老师是铁摩辛柯，世界弹性力学鼻祖。说学了真传，是表达对母校和老师们的真挚之情，其实我们每个人学的都是学科鼻祖及后来学者的真传。现代化教育是标准化教学，不是古代的口授心传，所以学的都是真传。

我的很多土力学知识，还有一些文史知识，主要来自我的导师王正宏老师。王老师不仅英文好，而且还很会写诗，他对国际国内土力学及岩土工程界很熟，信手拈来，娓娓道来，很有滋味。我在王老师那里听到了太沙基的其人其事，了解到卡萨格兰德、邓肯等人的专业贡献，听说了我国土力学及岩土工程发展过程中的许多趣闻趣事、名人轶事。受到了王老师的良好影响，潜移默化，我写的字也逐渐像王老师的字。

记得我的研究生毕业论文到了挑选论题的时候，王老师问我怎么想的，我说不知道。王老师说，旁压试验方兴未艾，实践先于理论，试验结果解译和工程应用的理论基础支撑还不足，所以想安排我到兵器工业部勘察研究院实习。我参加了福州长乐电厂岩土工程勘察中的旁压仪试验，工作量很大，期间，齐英武、尤大鑫、章家驹、肖娟，尤其是王志智、严金森高级工程师，给予了详细指导和帮助，我长了见识。实习回来后，王老师说：“你去北京图书馆阅读不少于100篇的旁压仪文献，国内国外文献各半，完成后找我。”我去了，照做了。王老师又找我，问我怎么样，我说了想法，认为其中什么需要研究，王老师听完乐了。王老师说，刚才你说的，就作为你的毕业论文题目吧。王老师这种引导、启发和指点的方法与成效，让我一直受益。1986年，我在校撰写了文章《预钻式旁压仪试验应力分析初探》，提出了考虑应力主轴旋转的旁压试验三个塑性区基本理论。王老师看后给予了肯定和鼓励，推荐我参加了当年在溧阳举办的中国建筑学会工程勘察学术委员会第二届旁压测试应用技术讨论会。会上我做了学术报告，引起重视，姜前等人会下就找我交流。这是我第一次撰写开篇科技论文，很激动，整个过程至今仍历历在目。1987年，我以《对旁压试验中几个问题的分析和试验研究》为题，获得了中国科学院水利电力部水利水电科学研究院工学硕士学位。

石家庄铁道大学研究生实践基地揭牌

研究生毕业后，我参加了工作。30多年来，我先后在河北省水利水电第二勘测设计研究院、石家庄市勘察测绘设计研究院和中国兵器工业北方勘察设计研究院工作。这三个单位的各级领导和同事们都给了我很大的支持和帮助，我一直没有忘记，同时也没有忘记我的导师王正宏先生和班主任冯和老师的嘱咐：在做好岗位工作的同时，要努力做好专业技术积累和技术创新。

我经手的有些工程项目已经时间久远了，但印象依旧很深，比如，重庆某兵工厂的搬迁工程勘察、湖北大峪口矿的工程勘察、广宗县人民银行水泥白灰土砂桩复合地基、石家庄市公安交通指挥中心基坑土钉支护工程、北京总参某基坑支护工程、石家庄国税局大楼工程勘察、石家庄市人民广场工程勘察、天津某研究所软土场地后压浆桩基工程等。之所以对这些工程项目印象深刻，是因为我当初把汗水洒在了这些工地，而且就是在这些工地上，我找到了破解技术难题的创新灵感。1989年在湖北大峪口工程勘察中，我做了坡积土、残积土和风化岩的150多组旁压试验，这是很宝贵的资料，后来陆续撰写的有关旁压试验的论文就是这个阶段奠定的基础。

参加广宗县人民银行地基处理工程，好像是在1990年，当时还没有地基处理技术规范，我和贾文华、姜彬生等人（贾文华当时是我们的主任工程师），在工地进行夯实水泥白灰砂土桩、碎石桩等地基处理。就是在这个工地上，我对复合地基原理进行了思考并得到了灵感，后来在《土木工程学报》发表《基础—垫层—复合地基共同作用原理》，提出了主动下刺和被动上刺的理论设想。

河北省地下空间工程技术研究中心专家委员会成立

大约是 1998 年，我们承担夯实水泥土桩复合地基的承载力检测工作，当时使用的载荷板还不规范。在石家庄地区，桩径 0.3 m，一般使用面积为 0.5 $m^2$ 的载荷板进行测试，复合地基检测采用的置换率和实际工程的置换率不相同，这一点并没有引起当时同行的重视。我和贾文华及时进行分析讨论，很快给出了两者置换率的换算办法。1999 年我们参加了中国土木工程学会’99 岩土工程土工测试技术学术交流会，当时在一定时间一定地区内对同行工程师的实践起到了参考帮助作用。

日中防灾环保研究会会长马贵臣先生到访

1991 年年初，我遵照单位派遣，前去北京给林宗元大师做助手，承担编纂“岩土工程丛书”任务：《岩土工程勘察设计手册》《岩土工程试验监测手册》《岩土工程治理手册》《岩土工程监理手册》和《国内外岩土工程实例选编》。林宗元大师是中兵勘察研究院的副总工程师，全国首批工程勘察设计大师，时任中国勘察设计协会工程勘察协会秘书长。当时的国家计划发展主管部门和建设行政主管部门，正在着力推进“工程地质勘察体制向岩土工程体制转变”，核心思想是，各种工程中关于岩土工程的勘察、设计、治理、测试监测检测和监理、咨询，应由熟悉岩土的岩土工程师承担，不应将其割裂，岩土工程师要成为一个独立的注册执业岗位，而且是“大岩土”概念，打破行业的界限。这之前，各行业的岩土工程勘察一直是由行业的工程勘察部门做，岩土工程设计由行业的工程设计部门承担，岩土工程施工由行业的施工部门承担。推行岩土工程体制，符合实事求是的精神，内行人干内行事。这实际上也是世界市场经济国家的先进经验。在这样的背景下，林宗元大师组织业内专家组成编制组，其中不乏各行各业的知名专家学者，开始编纂“岩土工程丛书”。我给林宗元大师做了 6 年助手，从做秘书到做常务编委兼秘书、副主编兼秘书。这 6 年，我的眼界大开，理论水平空前提升。

陪同客人参观土工试验室

期间得到了张苏民大师、龚主华高工和汤福南高工的指点，还认识了常士骠、陈群、项勃、刘祖德、王步云、张在明、袁炳麟、马兰、顾宝和、张文龙、周亮臣、张旷成、卞昭庆、莫群欢、项勃等。这是多么熟悉响亮的名字，都是老一代开山专家学者，都是全国工程勘察设计大师。

1996年年底，我圆满完成了林宗元大师交给的任务，回到石家庄工作。之后我一直从事岩土工程勘察、地基处理和基坑支护工作。我提出的“石家庄土钉法”和地基第一拐点承载力基本表达式等，就是这个时期完成的，获得了河北建设行业科技进步奖。也是在这个时期，我开发了100多个岩土工程专业的计算机软件。有一段时间内还开发了手机软件。另外。我还参加了国家嫦娥三号登月研究，成功研制出第一代低重力模拟月壤，为成功登月做出了贡献。在河北工作期间，我得到了梁军、梁金国、张振拴、孙贺臣等专家的帮助和指导，向他们表示感谢！

梁金国大师拟组织编制河北省的地基基础设计规范，邀请我参加，这次活动使我掌握了地基承载力表的编制。梁总、我和贾文华，是三个主要起草人，我们一起研究分析了全省700多套对比资料，最终建立了河北省的地基承载力经验表，出版了河北省技术标准。这是历史性的，功不可没！

2004年年底，我开始担任中国兵器工业北方勘察设计研究院的副院长兼总工程师。2005年我参加了兵器工业集团中青班学习，到宁波挂职锻炼，大约半年时间。

在高寒冻土工程工地

这次培训，让我大开思路——管理是一门学问，管理就是生产力。我们班班长和同学们很优秀，都是兵器工业企业和研究所的高管，从他们身上我学习了很多，至今受益。

2005年年底，我被推荐加入全国注册岩土工程专业考试命题专家组，组长是张苏民，副组长是高大钊、李广信。一年有几次封闭集中的会议，命题组专家荟萃，气氛好，既是工作团队，也是技术交流平台。我从各位命题专家身上学到了很多很多。

2010年年底，我担任中国兵器北方勘察设计研究院有限公司的总经理，主要精力放在单位发展上了。

创办的微信公众号界面

2017年，我创办了微信公众平台“岩土工程学习与探索”，作为自媒体，我抽时间撰写了不少新的技术理念和解决方案，以期促进行业科技发展。2018年我在中国建筑工业出版社出版了《工程建设中的土力学及岩土工程问题——王长科论文选集》，在上级和单位领导与同事们的支持下成立了王长科大师工作室，结合单位发展需要确立了三个研发方向：岩土工程及地下空间工程、土壤环境工程、空间信息工程。

个人文集书影

感谢老师，感谢领导，感谢同事和朋友们给予的支持与帮助，我将不忘初心，继续努力，为单位发展和行业科技进步做出新的贡献！

大师工作室成立

# 大师业绩

1. 代表性工程业绩

1）工程地质勘察

本人在重庆特种车辆厂工程地质勘察项目中担任工程负责人，1989 年 1 月负责完成生活区一、二组团。该项目位于重庆市渔洞镇长江岸边，丘陵地区，占地面积大，地貌地质条件复杂。勘察采用标准贯入试验、动力触探试验，采取土试样进行物理力学试验，对坡积黏性土、碎石土和基岩进行了科学评价，提出了有针对性的设计施工建议。技术水平达到同期国内先进水平。

2）地基处理

本人在广宗县人民银行营业楼地基加固工程项目中担任工程负责人，1990 年 8 月完成。项目位于邢台市广宗县县城，砖混结构，地上 5 层，钢筋混凝土条形基础，无地下室。地基土为山前冲洪积软弱黏性土，地基加固设计采用水泥、白灰、砂、土等材料按一定比例混合搅拌后，填入孔中进行夯实成桩，形成复合地基的方法。布桩采用桩反力重心和上部墙柱荷载反力相重叠的原则，综合技术水平达到同期国内先进。该项目 1995 年获部级优秀勘察设计二等奖。

3）基坑支护

本人在石家庄市交通监控中心基坑土钉支护工程中担任审核人，1999 年 3 月完成。该项目位于石家庄市中华南大街，框剪结构，地上 10 层，地下 2 层，埋深 12.7 m。基坑平面尺寸东西长 63 m，南北宽 49 m，北临办公楼，西临仓库，西、北、东三面直立开挖。地层为山前冲洪积黏性土、粉土、砂土，基坑支护设计设计采用土钉支护技术。经过科学计算，实时监测，信息化施工，最终成功穿过砂土层，技术水平达到同期国内先进、省内领先水平。项目于 2000 年获部级优秀勘察设计二等奖。

4）岩土工程勘察

本人在石家庄市国税局办公楼岩土工程勘察项目中担任审定人，1999 年 12 月完成。项目位于石家庄市范西路。建筑物地上 16 层，基础埋深 7 m，框剪结构。勘察采用静力触探试验、标准贯入试验、波速试验、取样室内试验等先进手段，科学评价了地层的物理力学性质。根据层底墙柱荷载分布，工作组分别采用规范法、p1/4 法机太沙基、汉森、梅耶霍夫等方法，综合评定后认为天然地基不妥，经过对低强度混凝土桩复合地基方案、扩底桩方案的详细分析，建议优先考虑复合地基方案。该勘察报告在岩土工程勘方案分析论证和建筑物地基变形预测分析方面，达到同期省内领先水平。该项目 2002 年获河北省建设工程勘察设计奖一等奖。

5）桩基工程

本人在中国北方发动机研究所（天津）新一代动力建设项目 1101 号建筑物地基处理工程中担任审定人，2010 年完成。项目采用后压浆灌注桩，桩径 600 mm，桩长 40 m。团队研究了后压浆机制、工法，使单桩承载力提高到 2.3 倍。该项目 2013 年获省优秀工程勘察三等奖。

2. 科技创新

1）工程勘察方面

本人延伸了旁压试验基本理论，提出了三个塑性区理论和孔壁剪应力通解，应用上提出了用旁压仪测定地基原位水平应力、土的抗剪强度指标、弹性模量、固结系数、基床系数、地基承载力的新理论新方法；编制了快速法载荷试验最终沉降量推算程序；提出了用抗剪强度指标直接计算地基承载力特征值的新途径；在地基承载力特征值的综合确定方面进行了探索并获得心得；研究了压缩模量特性，建议了沉降计算中的压缩模量计算方法；给出了石家庄地区地基承载力特征值经验表；提出了固结试验基床系数换算为地基基础设计基床系数的计算方法；分析了深井载荷试验的应力解答，建议了其变形模量计算方法；提出了粗粒土压缩模量的确定方法；探讨了非饱和土基质吸力的本质，就工程应用提出建议。

2）地基基础工程方面

本人研究了地基承载力基本理论，提出了地基第一拐点承载力理论公式；研究了散体桩、实体桩、实散组合桩、夯实水泥土桩等的临界桩长、单桩承载力和沉降计算新理论；分析研究了人工挖孔扩底桩，给出了石家庄地区经验表；研究了地基沉降计算方法，编制了地基沉降计算程序；提出了复合地基承载力深宽修正方法；提出了基础—垫层—复合地基共同作用原理；给出了复合地基褥垫层厚度设计计算公式；提出了湿陷性黄土挤密桩设计新思路；建议了复合地基变形计算深度确定方法；建议了复合地基复合土层压缩模量的确定方法；提出了复合地基承载力设计新思维，给出了复合地基载荷沉降曲线的推演方法；给出了桩竖向静载荷沉降曲线的推演方法；猜想了既有地基承载力的增长原理并提出计算建议；对赵州桥进行了工程分析，得出有益启示。

3）基坑及地下空间工程方面

本人通过研究土钉支护技术，改进了土压力分布模型、滑裂面模型，提出了“石家庄土钉法”、基坑边坡临界坡角计算公式、基坑边坡直立高度计算公式；提出了护坡桩抗剪承载力的公式；开发并编制了基坑支护桩的横向受力变形反分析方法与计算机软件；给出了基坑 m 值的室内试验测定方法；提出了基坑外侧为有限空间情况的土压力计算办法；针对坡顶复合地基超载的土压力计算提出建议；提出了基坑支护设计新思维。

开发的岩土工程软件

4）岩土地震工程方面

本人分析并提出了液化判别深度、场地类别划分深度的建议。

5）在软件方面

本人参与编制了岩土工程专业计算机软件和手机软件，方便并推动了计算机辅助设计计算。

6）其他

在嫦娥三号登月研究中，本人参与研制出第一代低重力模拟月壤，为我国首次成功登月做出了贡献。

月球车

3. 完成的科研课题

①河北省建设厅项目，变径混凝土灌注桩技术研究（第 7 完成人），2003 年，河北省科技成果省级登记号：20030375。

②河北省建设厅项目，建筑垃圾的处理及再生利用研究（第 8 完成人），2003 年，河北省科技成果省级登记号：20030732。

③河北省建设厅项目，地基沉降计算软件开发研究（第 1 完成人，独立完成），2005 年，河北省科技成果省级登记号：20051579。

④河北省建设厅项目，河北省石家庄市第四系工程地质地层层序划分标准的研究（第 11 完成人），2005 年，河北省科技成果省级登记号：20051712。

⑤河北省建设厅项目，土钉支护设计方法研究（第1完成人），2006年，河北省科技成果省级登记号：20061002。

⑥河北省建设厅项目，地基临塑承载力计算研究（第1完成人），2006年，河北省科技成果省级登记号：20061001。

⑦石家庄市建设局项目，岩土工程勘察现场描述电子记录系统（地质通）（第1完成人），2007年，河北省建设行业科技成果登记号：CG07012。

4. 获奖情况

①“人行广宗支行营业楼地基加固”，部级优秀勘察设计奖二等奖，1995年。

②“石家庄市公安交通指挥中心基坑支护”，部级优秀勘察设计奖二等奖，2000年。

③“石家庄市国税局办公楼岩土工程勘察”，河北省建设工程勘察设计奖一等奖，2002年。

④“石家庄市高联房地产开发公司3#住宅楼岩土工程勘察”,河北省建设工程勘察设计奖三等奖,2002年。

⑤“建筑垃圾的处理及再生利用研究”，河北省建设行业科学技术进步奖一等奖，2004年。

⑥“变径灌注桩成桩技术的研究”，河北省建设行业科学技术进步奖一等奖，2004年。

⑦“地基沉降计算软件开发研究”，河北省建设行业科学技术进步奖一等奖，2006年。

⑧“地基沉降计算软件”，河北省建设工程勘察设计奖一等奖，2007年。

⑨“河北省石家庄市第四系工程地质地层层序划分标准的研究”，河北省建设行业科学技术进步奖一等奖，2007年。

⑩“地基临塑承载力计算研究”，河北省建设行业科学技术进步奖二等奖，2007年。

⑪“土钉支护设计方法研究”，河北省建设行业科学技术进步奖一等奖，2007年。

⑫“注浆处理填土地基加固技术”，河北省科技质量成果奖，2007年。

⑬“岩土工程勘察现场描述记录电子记录系统”，河北省建设行业科学技术进步奖二等奖，2008年。

⑭“新建北京至石家庄铁路客运专线（河北段）建设项目地质灾害危险性评估”，部级优秀勘察设计奖一等奖，2008年。

⑮“京珠国道主干线安阳至新乡高速公路改扩建工程第一合同段施工图阶段工程地质勘察报告”，部级优秀勘察设计奖二等奖，2008年。

⑯“中国铝业山东分公司阳泉矿老鼠沟排土场边坡治理勘察、方案设计、施工”，河北省优秀工程勘察设计二等奖，2010年。

⑰“曹妃甸原油码头及配套设施基坑设计与监测”，河北省优秀工程勘察设计三等奖，2010年。

⑱“中国北方发动机研究所（天津）新一代动力建设项目1101号建筑物地基处理”，河北省优秀工程勘察三等奖，2013年。

5. 出版著作

①林宗元主编.《国内外岩土工程实例和实录选编》，本人担任第一常务编委兼秘书.沈阳：辽宁科学技术出版社，1992。

②林宗元主编.《岩土工程治理手册》，本人担任第一常务编委兼秘书.沈阳：辽宁科学技术出版社，1993。

③林宗元主编.《岩土工程试验监测手册》，本人担任第一常务编委兼秘书.沈阳：辽宁科学技术出版社，1994。

④林宗元主编.《岩土工程勘察设计手册》，本人担任第三副主编兼秘书.沈阳：辽宁科学技术出版社，1996。

⑤林宗元主编.《岩土工程监理手册》，本人担任第四副主编兼秘书.沈阳：辽宁科学技术出版社，1997。

⑥林宗元主编.《简明岩土工程勘察设计手册》，本人担任第一常务副主编.北京：中国建筑工业出版社，2003。

⑦林宗元主编.《简明岩土工程监理手册》，本人担任第一常务副主编.北京：中国建筑工业出版社，2003。

⑧《建筑工程勘察设计常见质量问题分析与解决措施》，本人担任岩土专业编写人.石家庄：河北科学技术出版社，2003。

⑨林宗元主编.《岩土工程治理手册》，本人担任第一常务副主编.北京：中国建筑工业出版社，2005。

⑩林宗元主编.《岩土工程试验监测手册》，本人担任第一常务副主编.北京：中国建筑工业出版社，2005。

⑪武威，王长科，杨素春，王平.《全国注册岩土工程师专业考试试题解答及分析(2011-2013)》. 北京：中国建筑工业出版社，2014。

⑫王长科主编.《工程建设中的土力学及岩土工程问题——王长科论文选集》.北京：中国建筑工业出版社，2018。

6.代表性论文

①王长科.《预钻式旁压仪试验应力分析初探》.发表于中国建筑学会工程勘察学术委员会第二届旁压测试应用技术讨论会.溧阳：1986。

②王长科，王正宏.《旁压仪试验机理研究》.发表于中国土木工程学会第5届土力学及基础工程学术讨论会，1987。

③王长科，骆筱菊.《用旁压试验推求土体强度指标的方法探讨》.载《勘察科学技术》，1989年第1期。

④王长科.《边坡开挖设计的简化弹塑性法》.载《现代勘察》，1989年第3期。

⑤王长科.《用旁压试验确定土体模量的研究》.载《北方勘察》，1990年第1期。

⑥王长科.《旁压试验 $P_0$ 值物理含义及其求法的研究》.载《工程勘察》，1990年第3期。

⑦王长科.《用旁压试验确定浅基础地基承载力初步研究》. 载《现代勘察》，1991年第1期。

⑧王长科，林宗元.《土钉技术的发展与展望》.发表于中国兵工学会基本建设专业委员会学术交流会，1992。

⑨王长科，林宗元.《土钉技术的发展及其在我国工程建设中的应用》. 见《中国地质学会第4届工程地质大会论文选集》.北京：海洋出版社，1992。

⑩王长科.《应力路径法在旁压试验分析中的应用》.载《军工勘察》，1992年第2期。

⑪王长科，章家驹.《旁压试验孔壁剪应力的通解》.载《工程勘察》，1992年第3期。

⑫王长科.《旁压模量物理含义及其计算方法的研究》. 载《军工勘察》，1992年第4期。

⑬王长科.《用旁压试验原位测定土的强度参数》.载《勘察科学技术》，1992年第6期。

⑭王长科.《正交各向异性介质中孔穴扩张的弹塑性理论解》.载《军工勘察》，1993年第3期。

⑮王长科.《饱和黏性土旁压固结试验》.载《工程勘察》，1994年第1期。

⑯王长科.《散体材料桩复合地基承载力计算》.载《军工勘察》，1994年第2期。

⑰王长科.《散体材料桩临界桩长计算》.载《军工勘察》，1994年第3期。

⑱王长科，汤福南.《土的压缩模量计算探讨》.载《军工勘察》，1994年第3期。

⑲王长科.《m值的经验值选用》.发表于微信公众平台“岩土工程学习与探索”，2018-10-05。

⑳王长科.《地基承载力特征值的综合确定》.发表于微信公众平台“岩土工程学习与探索”，2018-10-06。

## 格尔木高原试验项目

建设地点：青海省格尔木
建设面积：约 40 000 m²
设计 / 竣工：2015 年 / 2015 年
所获奖项：部级优秀勘察二等奖、河北省 QC 小组一等奖

格尔木高原试验场项目是我国乃至全世界海拔最高的特种装备试验场（海拔 4 600 m），同时也是我公司（指北方勘察设计研究院）迄今为止承担的海拔最高的建设项目。我公司承担该项目的地形图测绘、勘察、设计、施工等工作内容。该项目处于高原多年冻土区，多年冻土上限为 2.5 m，当地为高原干燥严寒气候，空气含氧量近为内地的 60%。青藏高原地区的冻土、低气压、低氧、寒冷、干燥、多风、强日光辐射等自然环境条件是本项目的显著特点，高原地区特殊自然机理、多年冻土、环境保护为建设过程中的三大难题。该项目的创新点：在高原冻土地区，对冻胀融沉的产生机理及影响因素进行了分析，并通过试验对项目区地层土体在温度、含水量、荷载因素影响下的冻胀融沉性质进行了分析研究。该方案在施工阶段和使用阶段实现抗冻胀和防融沉的功能，满足使用需求。该工程施工难度大、工程技术国内领先，工程质量优良，安全生产有序。

## 四川省雅安至康定高速公路雅康高速公路 JC1-3 隧道超前地质预报

建设地点：四川省雅安市
设计 / 竣工：2015 年 / 2017 年

四川省雅安至康定高速公路全长约 135 km，东起雅安市对岩镇，经过天全县、泸定县，西至康定市炉城镇。雅康高速公路是由川入藏的首条高速公路，是四川进入西藏的咽喉要道，建成后将结束川藏线没有高速公路的历史，从四川雅安到康定的开车时间将由原来的 6 个小时缩短到 1.5 个小时。本项目超前地质预报工作，对应土建合同段 C10 和 C11 标段。预报方法以 TSP（弹性波法）、地质雷达等物探手段为主，超前钻孔等钻探手段为辅，结合掌子面地质素描的多种超前预报方法，对隧道掌子面前方 30 ~ 150 m 范围内的围岩情况进行探测，确定断层、破碎带、软弱夹层、溶洞、暗河、涌水突泥、瓦斯等不良地质体的位置、规模，并确定前方围岩级别，有效预报地质灾害的发生。

## 石家庄市二环快速路提升工程岩土工程勘察

建设地点：河北省石家庄市
设计/竣工：2008年/2008年

二环快速路位于石家庄城市核心区一环的外侧，是石家庄市骨干路网规划——方格网加环形放射的双层快速环（二环、三环）之一，与“三横、四纵、九射”一起构成石家庄市的骨干道路网络。我公司承担了北环、部分东环及部分南环的岩土工程勘察任务。本项目规模大，进尺11 930.85 m，工期紧，施工难度较大。在最大勘察深度50.00 m处，除表层填土之外，主要地层为第四纪冲洪积形成的黏性土、粉土、砂土及碎石土。25 m以下顶部为薄层过渡含卵石砂土层，多呈中密~密实状，下部为厚卵石层，呈中密~密实状，进尺缓慢，易漏浆。针对本项目，我公司做了详细的区域地质调查，搜集了大量区域地貌、水文、气象、地质等相关资料。线路区分布有湿陷性黄土状土，通过钻孔岩芯、探井Ⅰ级土样的室内试验成果，准确给出了相关岩土工程参数。该工程技术可行，经济合理，安全可靠，取得了较好的经济效益及社会效益，达到省内先进水平。

## 石家庄市城市轨道交通 2 号线

建设地点：河北省石家庄市
设计 / 竣工：2016 年 / 2019 年
所获奖项：公司级最具贡献团队

石家庄市城市轨道交通 2 号线是石家庄市轨道交通线网中的南北向骨干线，我公司承担嘉华站、南位站和嘉华车辆段至嘉华站区间明挖段的基坑设计工作。支护方式采用钻孔灌注桩 + 内支撑（首层钢筋混凝土支撑 + 二、三层钢支撑），土钉墙及钻孔灌注桩 + 锚索体系等。该工程开挖深度深、周边环境复杂、场地内障碍物多，围护设计根据不同的环境特点有针对性地采用多种围护形式相结合的方案。结合基坑所在地的周围环境状况、地层岩土特性，实施前做好事前控制，优化基坑支护设计方案，在确保了基坑自身及周边环境安全的前提下，节省了工程造价。

## 某建筑物桩基处理

建设地点：天津市
建设面积：约 6 008 $m^2$
所获奖项：河北省优秀勘察设计三等奖

该建筑物桩基设计采用后压浆钢筋混凝土灌注桩。此次采用后压浆技术进行地基处理，为天津地区首次采用该工艺技术，此技术的成功运用，不仅从质量上满足设计要求（桩间土强度提高近 1.7 倍，设计要求提高 1.4 倍，单桩承载力提高到 2.3 倍），而且从工程造价上有效地控制了生产成本，取得了良好的社会效益和经济效益。

## 西柏坡公路勘察

建设地点：河北省石家庄市
设计/竣工：2006 年/2009 年
所获奖项：河北省优秀勘察设计二等奖

西柏坡公路勘察项目地处太行山东麓，沿线地形起伏大，沟壑纵横，呈冲沟发育，穿越了山地、丘陵、河谷等不同地质地貌单元，施工难度很大。沿线的滹沱河特大桥、上东裕隧道为线路中重要的大型构筑物。由于地质条件复杂，施工难度大，初、详勘两阶段均做了大量的技术工作，通过地质调绘、钻探、物探等多种勘察手段，为设计提供可靠的地质资料及设计参数，并配合业主、设计、监理等单位对设计方案进行可行性论证，提出科学、安全、经济的合理化建议。

## 深圳布吉街道龙岗大道、西环路南片区雨污分流管网工程

建设地点：深圳市龙岗区
设计/竣工：2016年/2016年
所获奖项：河北省优秀勘察设计二等奖

本项目的测量任务是提供能够满足深圳市布吉街道西环路南片区雨污分流管网工程设计施工要求的测量成果，工作目的是通过地形测量和地下管线探测，为设计提供详尽的、准确的、现势性强、精度可靠的基础资料，以满足设计施工需要。通过地形测量和地下管线探测，工作人员采用内窥检测新技术、地质雷达探测的方法查明了各种疑难管线，为业主提供了详尽的、准确的、现势性强、精度可靠的基础资料，满足了设计施工需要。该任务的完成为下一步管网建设提供了准确的管网资料，使施工过程有的放矢，经济效益明显。在项目实施过程中进行科学的管理，不仅降低了作业人员的劳动强度，还极大地提高了探测的工作效率，为我单位以及甲方单位创造了很好的经济效益。

## 某研发区工程建设场区工程地质勘察

建设地点：陕西省商洛市
设计/竣工：2013年/2015年
所获奖项：部级优秀勘察设计一等奖

建设项目地处秦岭山区，山间沟谷地貌，区域内地势总体北高南低，山脊多呈东北—西南向展布，最高点位于北部的秦岭分水岭，海拔标高介于2 383～2 576 m之间，最低点位于洛源街的洛河出口处，海拔1 230 m。此项目为典型的山区勘察，地质环境复杂，施工难度大。建设内容包括40多个工房建筑以及厂区隧道和浆砌石挡水坝工作人员分别进行了初勘及详细勘察，做了大量的技术工作。针对本项目自身条件的特殊性，实际实施中采用地质调查与测绘、钻探、挖探、原位测试（标准贯入试验、动力触探试验、钻孔压水试验等）、物探以及室内试验相结合的综合勘察方法，为设计提供了可靠的地质资料及设计参数，并配合业主和设计、监理等单位对设计方案进行可行性论证，提出了科学、安全、经济的合理化建议。

## 某构筑物桩基工程

建设地点：内蒙阿拉善左旗
设计 / 竣工：2016 年 / 2016 年

本项目地处荒漠干旱区，拟建项目为一条长 9 km 试验设施，基础采用桩基础，梁跨距 15.0 m，每个承台梁基础下 2 根桩。工程所在地气候干燥、风沙大，环境恶劣，施工场地战线长、管理难度大。试验设施顶面轨道为一空间直线，要求双轨高低误差小于 0.2 mm，轨道平整度为每 100 m 高差小于 1.5 mm。为保证该构筑物结构安全，严格控制孔底沉渣，满足桩基施工质量。经过 5 个多月的奋战，工程任务顺利完成。

## 陇南白龙江中上游石门—洛大段工程地质勘查

建设地点：甘肃省陇南市
设计 / 竣工：2017 年 / 2017 年

白龙江位于甘肃境内，属长江上游汇源区，近年来随着人口的增加，人与地质环境相互作用的加强，地质环境条件发生了巨大变化，常有崩塌、滑坡、泥石流等地质灾害突然发生。汶川地震造成白龙江流域内大面积山体、台塬、梁峁开裂，大量岩（土）体松动，区域工程地质条件发生改变，引发和加剧了泥石流、崩塌、滑坡等地质现象及地质灾害的发生，造成了一些城镇的重大破坏。陇南白龙江流域地质灾害调查评价选定典型滑坡开展工程地质勘查工作，主要包括典型滑坡体工程地质钻探，典型滑坡工程地质勘查坑槽探，岩样和土样测试分析，工程地质剖面测量及勘查工作点测量等。

# 李宏义

1963年出生，籍贯河北藁城，研究员级高级工程师，中共党员，1984年毕业于河北地质学院水工系，毕业后留校任教。现任中国兵器工业集团北方工程设计研究院有限公司副总经理，中国兵器工业北方勘察设计研究院有限公司党委书记。

**单位任职**

1988年调入中国兵器工业北方勘察设计研究院，先后担任工程地质处副处长、主任工程师，生产经营处处长，北方勘察设计研究院副院长、总工程师、党委书记，2010年12月后任研究院有限公司副总经理。国家注册土木工程师（岩土），国家注册监理工程师。

**社会任职**

中国建筑学会工程勘察分会第七届理事会理事，中国地质学会第七、八届、九届、十届工程地质专业委员会委员，河北省土木学会地基基础学术委员会副主任委员，河北省科技成果鉴定专家，河北省地震安全评定委员会委员，河北省建设系统安全论证审查专家，《岩土工程技术》杂志编委，《中国勘察与岩土工程》杂志主编。

**主持工程情况及荣誉**

李宏义同志曾主持负责国家大中型项目几百项，包括高层及超高层建筑勘察、坝址勘察与稳定性评价、高速公路勘察、高速铁路勘察、地基改良与处理、基坑支护、边坡稳定性评价等，并进行了多项科研课题研究，获省、部级优秀工程奖14项，推动了行业技术发展。

**学术成果**

李宏义同志曾出版专著8部，在国际会议和国家级刊物发表论文30余篇，获省、部级科技进步奖4项。担任多个国家级和省级专业协会理事、委员职务，担任多所高校客座教授及研究生导师。1997年获“河北省国防科技工业青年科技标兵”，2002年获“第一届河北省国防科技工业优秀科技工作者”，2009年获首批“河北省工程勘察设计大师”。

**单位评价**

李宏义同志在专业领域认真钻研，有较强的业务能力，解决了许多工程项目中的技术难题；工作中注重总结提高，不断进行技术研究，业绩突出，主持负责大中型项目几百项，获省、部级优秀工程奖14项，获省、部级科技进步奖4项。担任《工程地质手册》编委并参加编写工作；参加了由中国工程勘察设计协会组织的“岩土工程系列手册”的编写。发表论文30余篇，出版专著8部，获十几项省部级优秀工程奖、科技进步奖，为推动行业进步做出了突出贡献。

李宏义 ○

# 自传

1963年我出生于河北省辛集市南棚，一个美丽的乡村，这里民风纯朴，拥有恬静的田园气息。在这里我完成了小学、初中的学习，之后出去读高中，1980年考上大学。由于家庭迁移，之后我再也没有回去居住过，但在脑海里留下了非常快乐的记忆。在这里我度过了一个快乐的童年，小时候在村子里与小伙伴们玩耍的快乐场景至今还时常浮现在脑海，成为幸福的回忆。上小学时，我幸运地遇到了一个好老师，她虽然是一个民办教师，但是有非常好的教学方法。她要求我们学习时一定要认真学，玩的时候就要开心地玩，她讲究的是学习效果。因此，我经历了上午学习文化知识，下午两节课以后就是各种体育活动、娱乐活动的五年小学。我们上课认真听讲，活动时开心快乐。为了形成好的学习氛围，成绩好的学生和成绩差的学生同桌而坐，要求一带一共同进步，老师称之为“一带一全面红”，并要求大家德智体全面发展。这样的教育，使我们这样一个班在小学各年级对比中学习成绩非常突出，到初中毕业考高中时，小学同班30多人有9人入围重点高中复试，最终均考上了大学，我也是有幸者之一，这是非常了不起的成绩。这个老师就是我们的徐素臣老师，我们的启蒙老师。徐老师也因为业绩突出，转为了公办教师。可以说正是强调素质教育的徐老师给我们创造了发展的基础，直到现在我还经常想起她。

1976年我上初中时正直“文革”后期，教学秩序非常混乱，没法维持正常的教学环境，老师教学也很艰难，总有学生受社会影响干扰教学秩序。我也没有了定力，经常玩得不亦乐乎。突然有一天，老师在课堂上检查作业，有同学说，方程的解是多少，方程的根是多少，我突然蒙了，为什么所学知识我听不懂了，这是从没有过的事情。我突然意识到了问题的严重性，这样下去是不行的。恰好此时我们的副校长、数学老师边学猛给了我很好的指点。边学猛老师是20世纪60年代从西安某大学辍学回乡的大学生，经历过大学生活，有知识，有阅历。我的很多体育项目都是跟他学的，篮球基本功如三步上篮、定点跳投、带球规则等，跳远、三级跳远、乒乓球，等等。他使我从小接触了体育运动和比赛，经常荣获全乡小学、初中的跳远、三级跳远、百米、跨栏、乒乓球冠军。当发现我的学习状况后，边老师和我进行了深入交流，指导我要好好学习，跟我说农村孩子不考大学能有什么路走出去呢？他鼓励我只要努力肯定有机会。我从此明白了道理，知道该干什么了，学习成绩又快速提升，以全乡联考第二名的成绩初中毕业。初中阶段，边学猛老师对我的成长起了关键的作用，一直到现在，我都经常想念自己的这位恩师。

高中我就读于辛集耿寺中学。高中是学业繁重但又增长知识的时期。时间过得很快，幸运的是，在高中阶段，有几位北京师范大学毕业的下放到农村的教师，他们的教学水平真的非常高，逻辑清楚，讲解到位，很快就能理解，听他们讲课真的是一种享受。同时听他们的讲课，让我了解了农村以外的世界，听到了北京的消息，产生了憧憬，产生了到外面世界去看看的强烈愿望，产生了学习动力。我立志要考上大学，去探索外面的世界。

1980年高考，我报考了河北地质学院，记得当时看了一部电影，片名好像是《年轻的一代》，达式常主演，讲述的是地质学院的学生毕业后满怀热情到青海高原参加建设，贡献了自己的青春。电影中他们穿梭在崇山峻岭中，在祖国的大好河山里工作，奉献着自己的青春，真的很令人羡慕。高考时我就报考了河北地质学院，从此也就选定了今生的事业。1980年9月，在塞外古城宣化，我开始了大学求学，从最初的兴奋，到之后的奋发读书，一切都是那么美好。我的大学与祖国改革开放同时起步，见证着国家改革开放春天的来临。教室、体育场、图书馆、电影院到处都留下了我们的身影，求知的渴望化作了教室读书的身影，名著、电影将我们引入了不同的世界，专业知识的学习更坚定了我们献身地质事业的决心。

1984年7月，我大学毕业后留在了学校，就职于河北地质学院工程地质教研室，从事工程地质教学与科研，开始了四年的留校生涯。1985 年 9 月到 1986 年 9 月，我作为进修教师到同济大学岩土工程系进修岩土工程。这四年在高校，有充足的时间供我学习，有那么多的老师可以随时指导我，使我的专业基础知识获得了很大提高。在河北地质学院期间我遇到了恩师苏伯苓教授。苏伯苓老师教岩体力学，他也是我的毕业论文指导老师。苏教授教学严谨，学识渊博，有很多成果。能够得到苏老师指导真的非常幸运，我的毕业论文也成为为数不多的优秀论文。我留校时苏老师任教研室副主任，他非常关注我们年轻人的成长，除了教学，还带我参加了地矿部“七五”重点科研课题“黄河中上游滑坡稳定性研究”“宁波海湾海港稳定性研究”两个科研课题。他带领我搞科研，教授我科技论文的写作，教我如何讲好专业课，令我非常受益，对我后期的成长产生了很大影响。

1988 年我调入中国兵器工业北方勘察设计研究院，开启了新的人生历程，在工程地质处技术室开始从事工程地质技术业务。当时正值岩土工程起步时期，新业务层出不穷。可能考虑到我来自高校，有良好的基础功底，最初几年领导们非常信任地给了我很多开创性的工作。比如 1988—1993 年就先后完成了井陉岩峰化肥厂动力基础改造工程；华能上安电厂食堂大餐厅基础托换工程；北国商城工程地质勘察；大峪口磷石膏渣场渣坝工程地质勘察；三门峡金渠金矿工程地质勘察；石太高速阳泉特大桥工程地质勘察；天洋大厦水泥土桩地基处理项目等。这些项目的特点是它们都是单位刚开始的新业务，是开创性业务，没有经验参考，要运用新技术新方法，非常考验参与者的知识水平和毅力。通过自己的努力，这些项目都获得了圆满成功。也正是这些业务的成功完成，使我树立了信心，形成了自己敢于挑战新事物的勇气，也形成了我不循规守旧、敢于突破常规工作方法的技术风格。院内一些老前辈，像郎瑞生、刘厥森等老先生都给了我很多的帮助，在我成长的路上给予很多教诲。特别是郎瑞生先生在工程实践中所表现出的无所不能的气概，体现出了其扎实的专业功底和真正发现问题实质的能力，他解决问题举重若轻，可以将复杂问题简单化，对我今后的技术工作和管理工作产生了非常大的影响。

1993 年后我走上领导岗位，历任中国兵器工业北方勘察设计研究院工程地质处副处长兼主任工程师、生产经营处处长、副院长兼总工程师、党委书记；2010 年 12 月任中国兵器工业集团北方工程设计研究院有限公司副总经理。1995 年 1 月至 1996 年 1 月，我参加了中国兵器工业总公司“552 人才工程”中青年管理干部培训班学习；2007 年 4 月至 2007 年 8 月参加中国兵器工业集团公司高级经营管理人员培训班学习；2012 年 8 月至 9 月，参加中国兵器工业集团公司高级经营管理人员轮训班学习。

在自己的成长过程中还要特别提到两位前辈，林宗元大师和张苏民大师。林宗元大师原是我们单位“老总”，1989 年单位“分家”后留在了中兵勘察设计研究院，也曾长期担任我们院顾问总工。他学识渊博，治学严谨，在实际工作中经常给我们指导，还亲临徐州电力大厦项目现场指导，“岩土工程系列丛书”更是倾注了老人一生的心血。为行业发展做出了卓越贡献。记忆中我们到北京，林总请吃饭，我们可以随便点，但点了就必须吃完，不许剩。从这个小事能看出，严谨是老前辈的优良品质。张苏民大师长期在机勘院工作，因为同属国防机械工业勘察系统，我们经常在会议或学术交流时遇到，所以我经常能得到大师的教诲，他对我们的技术发展，对我们的技术总结和成果发表都提出过非常好的建议。记得一次会议，我们同住一个房间，几天时间，我们聊了很多，他在学术、个人成长发展上都给予了我指导，特别是他讲的自己遇到挫折的经历，对我鼓励很大。做自己想干的事业，做好自己擅长的工作就是最好的。老前辈的指导和关怀是自己成长过程中非常重要的影响因素。

## 技术进步、技术创新及业务拓展

**（一）成功将生石灰、水泥、砂、土桩应用于病害建筑基础托换工程**

在 1989 年治理华能上安电厂食堂大餐厅建成后的不均匀下沉导致的墙体开裂、地面下沉工程时，针对地基被水浸泡导致黄土状土地基湿陷沉降造成的不均匀沉降危害，参考国内陕西仅有的个别相似案例，根据项目岩土工程特点，我创造性地提出了生石灰、水泥、砂、土桩基础托换方案，将生石灰、水泥、砂、土按一定比例在最优含水量下拌和均匀，通过锤击成孔和夯实，穿过基础，在条形基础下完成两排直径 150 mm 桩，夯实后通过特殊工艺在基础部位封堵浇灌混凝土，在不影响建筑正常使用的情况下，成功将雨季一个月最大下沉 44 mm 的建筑物地基进行了治理。治理后，一直持续发展的沉降停止，建筑正常使用，效果良好。该项目为病害建筑物基础托换提供了新的治理方法，同时也开启了行业对于水泥土桩的强度研究。该工程项目获河北省优秀工程奖，我在第三届全国岩土工程实录交流会上将此项目与同行探讨。之后单位将这种处理方法推广到深泽、广宗等 4 个县的中国银行办公楼的地基处理项目中，这也是水泥土桩的前型。

**（二）探索将水泥土桩地基处理方法应用于高层地基加固**

1993 年承揽的外贸天洋大厦地基处理项目，采用了水泥土桩处理方法。该建筑地上 18 层，地下 2 层，建筑物基础形式为钢筋混凝土箱型基础，要求处理后承载力标准值大于 270 kPa，压缩模量大于 200 MPa。当时水泥土桩作为新型的地基加固方法，在高层建筑中还鲜有应用，多应用于低层建筑，桩径也比较小。鉴于对水泥强度和变形的较深认识，我在本次项目中设计了夯实水泥土桩的方案。设计有效桩长 $H$=7.0 m，桩径 $D$=400 mm，水泥含量 12%，置换率 m=7.5%。施工采用螺旋钻成孔，锤击夯实，通过试桩确定锤击标准。施工后通过载荷试验检测，发现复合地基强度和变形均满足设计要求，从而开启了河北省在高层建筑地基处理中应用水泥土桩方法的时代，推动了这一方法的应用。

**（三）探索将可靠性理论应用于边坡稳定性评价**

本人于 1990 年发表论文《岩质边坡稳定性分析的岩坡破坏概率法》，于 1994 年发表论文《边坡破坏概率的初步研究》，总结出边坡破坏要符合几何条件和力学条件，应用概率论和数理统计的方法，在一定几何条件下，考虑土的力学指标分布的离散性，将符合破坏条件的土的指标进行统计计算，得到土性滑坡的破坏概率；将结构面分布及力学性质满足边坡破坏条件进行概率统计，得到岩质边坡破坏概率，从而将边坡稳定评价提升到可靠性理论评价，推动了边坡稳定研究。

**（四）为边坡和基坑预测提供了新的方法**

本人于 1993 年发表《边坡变形破坏的灰色预测预报》，于 2000 年发表《基坑变形灰色预测预报系统》，研究课题一个是针对天然边坡，一个是针对建筑基坑。本人运用灰色系统理论，在受多因素影响且不知各影响因素作用大小及权重的情况下，研究变形这一最终表现形式，通过查找其内在规律在变形数据上的变化，利用数据推演提前预知可能的巨变点也就是破坏点，从而实现预报。经与以往事故滑坡数据对比，预报效果良好，也非常方便。

**（五）开创了北方勘察设计研究院高速公路勘察业务**

1992 年作为工程技术负责人我承担了石太高速阳泉 18.5 km 特大桥的勘察业务，这是当时我院第一个高速公路勘察，条件复杂，钻探难度大。我们集全院之力组织了这次勘察，副院长任指挥长，全院钻机及钻探人员上阵，我作为工程技术负责人，负责地质测绘、钻探验收、工艺指导、与设计方沟通交流、编写完成报告，我们的工作受到了甲方高度评价，开了我院高速公路勘察先河。1993 年我又完成了河北省交通院大秦高速公路秦皇岛段勘察项目。1994 年任生产经营处长时，我第一次从交通部二院承揽了京珠高速耒阳至韶关段高速公路勘察，从此北方勘察设计研究院高速公路勘察业务经久不衰，一直持续到现在，成为我们的支撑和招牌业务。

**（六）开创了北方勘察设计研究院高速铁路业务**

从 2006 年承揽开展太中银靖边至定边段高速铁路勘察开始，我院从铁三院、铁四院、铁二院等不断地承揽高速铁路勘察业务，通过布局及开拓，逐步形成了稳定的合作关系，积极探索组织方式。原来一年全院只能承担一两个标段，后来实现了施工组织标准化推进，再之后形成一年可组织十几个标段的勘察能力，高峰时每年可完成钻探进尺十几万延米，产值几千万元。相当一段时间内，高速铁路勘察是我们的支撑业务板块，全国高速铁路几乎全留有我们的身影。

**（七）开创了矿山库区、坝址勘察及稳定性评价业务**

1989 年作为工程技术负责人，我负责了“湖北大峪口磷石膏渣场渣坝工程地质勘察”工作，该渣场为磷石膏开采后废渣堆积而成。渣坝稳定及渣场是否对外埠农田及饮用水造成污染成为重要评价内容。这是公司第一次进行坝基稳定评价及渣场评价项目。通过工程地质测绘、钻探、抽水试验、渗水试验、泉水流量分析、示踪法跟踪流向等手段，我们做出了综合判断，很好地解决了甲方和工程关注的问题，受到甲方高度评价，后我又负责了三门峡金渠沟金矿尾矿库和坝基稳定性勘察。

# 主要业绩

**（一）获奖**

①“宁波市港口及海湾工程地质问题研究”，获地矿部科技进步三等奖，贡献者排名 3，1991 年。

②“土钉支护设计方法研究”，河北省科技进步一等奖，贡献者排名 2，2007 年。

③“地基临塑承载力计算研究”，河北省科技进步二等奖，贡献者排名 2，2007 年。

④“岩土工程勘察现场描述电子记录系统”，河北省科技进步二等奖，贡献者排名 7，2008 年。

⑤“华能上安电厂食堂大餐厅基础托换工程”，河北省优秀工程勘察三等奖，贡献者排名 1，1993 年。

⑥“秦皇岛市邮政大楼基坑工程”，部级优秀工程一等奖，贡献者排名 1，2002 年。

⑦“中国工商银行河北省分行地下车库基坑土钉支护”，部级优秀工程三等奖，贡献者排 8，2002 年。

⑧“石家庄华药集团生活一区岩土工程勘察”，河北省优秀工程勘察二等奖，2003 年，贡献者排名 9。

⑨“龙岩卷烟厂边坡支护工程”，部级优秀工程三等奖，贡献者排名 4，2004 年。

⑩“山西兴安化学工业（集团）有限公司地下管网探测（编绘）”，部级优秀工程三等奖，贡献者排名 5，2004 年。

⑪“石港高速公路石衡界至沧州市段（沧州分段）”，部级优秀工程一等奖，贡献者排名 5，2004 年。

⑫“中国人民解放军 61785 部队 2 号住宅楼基坑支护、降水及地基处理”，河北省优秀工程勘察三等奖，贡献者排名 5，2005 年。

⑬“石家庄印钞厂人防及地下车库岩土工程勘察”，部级优秀工程二等奖，贡献者排名 5，2006 年。

⑭“太原至澳门国家重点公路济源至晋城（省界段）高速公路初步工程地质勘察”，部级优秀工程二等奖，贡献者排名 6，2006 年。

⑮“亚太大酒店贵宾楼及地下车库基坑支护工程”，部级优秀工程三等奖，贡献者排名 7，2006 年。

⑯“国道主干线二连浩特至河口公路山西侯马至禹门口段工程地质勘察”，河北省优秀工程勘察三等奖，贡献者排名 6，2007 年。

⑰“天皇山庄地质灾害危险性评估”，石家庄市优秀勘察设计奖，贡献者排名 6，2006 年。

⑱“慧谷科技城农业科技研发中心基坑支护设计”，石家庄市优秀勘察设计奖，贡献者排名 6，2006 年。

⑲“京珠国道主干线安阳至新乡高速公路改扩建工程第一合同段施工图阶段工程地质勘察”，部级优秀工程二等奖，贡献者排名 6, 2008 年。

⑳“西柏坡公路勘察”，部级优秀工程二等奖，贡献者排名 6，2010 年。

㉑个人 1996 年获“河北省国防科技工业青年科技标兵”称号，2002 年获“第一届河北省国防科技工业优秀科技工作者”称号。

㉒论文《岩质边坡稳定性分析的岩坡破坏概率法》，1992 年获国防机械工业工程勘察科技情报网青年优秀论文一等奖。

㉓论文《岩体质量评价在洞室围岩稳定评价中的应用》，1992 年获国防机械工业工程勘察科技情报网青年优秀论文二等奖。

㉔论文《黄土质填土地基加固》，1993 年获河北省建筑学会优秀论文二等奖。

**（二）著作**

①《岩土工程勘察设计手册》，辽宁科学技术出版社，1996 年，编委、编审人。

②《岩土工程监理手册》，辽宁科学技术出版社，1996 年，副主编、编委、编审人。

③《宁波海湾海港稳定性研究》，地质出版社，1993 年。

④《简明岩土工程勘察设计手册》，中国建筑工业出版社，2003 年，副主编、编委、编审人。

⑤《岩土工程治理手册》，中国建筑工业出版社，2005 年，副主编、编写人。

⑥《岩土工程试验监测手册》，中国建筑工业出版社，2005 年，副主编。

⑦著作《工程地质手册》（第四版），中国建筑工业出版社，2007 年，编委、编写人。

⑧著作《工程地质手册》（第五版），中国建筑工业出版社，2018 年，编委、编写人。

**（三）科研**

①科研报告《宁波市港口及海湾工程地质问题研究》，1990 年 6 月。

②科研报告《土钉支护设计方法研究》，2007 年。

③科研报告《地基临塑承载力计算研究》，2007 年。

④科研报告《岩土工程勘察现场描述电子记录系统》，2008 年。

**（四）论文**

①“The probleme of environmental engineering geology in the Nanguanling area,Dalian”，见《山区环境工程地质国际讨论会论文集》，1987 年。

②《碱液法加固新近堆积黄土地基》，见《国际滑坡与岩土工程学术会议论文集》，1991 年。

③《岩体质量评价在洞室围岩稳定评价中的应用》，载《现代勘察》，1990 年 1 期。

④《岩质边坡稳定性分析的岩坡破坏概率法》，载《现代勘察》，1990 年 4 期。

⑤《边坡变形破坏的灰色预测预报》，载《军工勘察》，1993 年 2 期。

⑥《城市地质作用的模式和特征》，载《勘察科学技术》，1992 年 5 期。

⑦《碱液法加固新近堆积黄土的研究》，载《工程勘察》，1990 年 4 期。

⑧《大峪口岩溶区磷石膏渣坝、渣场工程地质问题评价》，载《河北地质学院学报》，1990 年 3 期。

⑨《边坡破坏概率的初步研究》，载《军工勘察》，1994 年 4 期。

⑩《黄土质填土地基加固》，载《河北勘察》，1990 年 2 期。

⑪《华能上安电厂食堂大餐厅生石灰、水泥、砂、土桩基础托换工程》，见《第三届全国岩土工程交流会

岩土工程实录集》，兵器工业出版社，1993 年。

⑫《大连南关岭地区环境工程地质问题》，见《河北地质学院校庆十五周年论文集》，1986 年。

⑬《夯实水泥土桩的强度和变形特性》，载《岩土工程技术》，1998 年 4 期。

⑭《灌注式护坡桩的设计方法》，载《河北地质学院学报》，1994 年 4 期。

⑮译文《透水低强度桩地基处理方法》，载《军工勘察》，1994 年增刊。

⑯《秦皇岛市邮政大楼基坑支护工程实录》，见《第五届全国岩土工程实录交流会岩土工程实录集》，兵器工业出版社，2000 年。

⑰《夯实水泥土桩实践中有关技术问题》，载《中国勘察与岩土工程》，2000 年 1 期。

⑱《基坑变形灰色预测预报系统》，载《勘察科学技术》，2000 年 6 期。

⑲《工程勘察行业发展趋势》，载《中国勘察与岩土工程》，2001 年。

⑳《关于岩土工程发展问题的思考》,载《河北勘察》，2003 年 3 期。

㉑《某基坑工程止水及支护设计》，载《中国勘察与岩土工程》，2004 年 4 期。

㉒《浅谈高层建筑基坑降水设计》，载《河北建设科技与勘察设计》，2004 年 3 期。

㉓《夯扩灌注桩应用有关问题分析》，载《中国勘察与岩土工程》，2005 年 3 期。

㉔《如何做好员工的事业激励》，载《中国勘察与岩土工程》，2007 年 3 期。

㉕《基坑支护有关问题研究》，载《中国勘察与岩土工程》，2010 年 1 期。

㉖《四川平武麻园子滑坡稳定性分析评价》，载《中国勘察与岩土工程》，2010 年 5 期。

㉗企业标准《夯实水泥土桩复合地基技术规程》，中国兵器工业北方勘察设计研究院，1999 年 9 月，主要编写人。

㉘《建院 45 周年科技论文集》，中国兵器工业北方勘察设计研究院，1998 年，主编。

## 湖北大峪口磷石膏渣场、渣坝工程地质勘察

建设地点：湖北省钟祥市
实施时间：1988—1989 年

该项目位于半裸露型岩溶区，场区北、东、西三面环山，南部为拟建渣坝，坝体高 80 m，场区相对地形高差为 250 m，属中低山剥蚀地貌。坝址下游为峡卡河引水隧洞，为生活用水。由于场地地质条件复杂，针对岩溶发育情况，制定了详细的勘察方案，通过工程地质测绘，现场钻探及原位测试，抽水注水试验，查明了场区、坝区工程地质条件和水文地质条件及岩土层的渗透性能，对渣场、渣坝稳定性进行了分析计算和评价；对渣场、渣坝渗漏及对周围农田、饮用水污染的可能性进行了详细的分析评价，并提出了处理建议。对坝基下沿岩溶裂隙渗漏提出了处理深度 40 m 的灌浆处理方案，项目建成后运行良好。

## 华能上安电厂食堂大餐厅基础托换工程

建设地点：河北省井陉县上安镇
建筑面积：长 42 m，宽 21 m
实施时间：1989 年
获奖情况：河北省优秀工程勘察设计三等奖

食堂建于 1987 年，1988 年年初交付使用，为高 7 m 的单层大跨度框架结构建筑物，基础为宽条形。大餐厅长 42 m，宽 21 m，自 1988 年 8 月 13 日首先在北墙东部发现 1 mm 宽裂缝后，从 8 月 27 日开始进行沉降观测，至 10 月 4 日，四面墙体相继出现裂缝，最大裂缝宽度已达 6 mm，墙体最大沉降达 43.99 mm。餐厅地面也产生了宽 2 ~ 5 mm 的地裂缝，雨季时平均沉降速率已达 0.56 mm/d，至托换处理时，最大沉降已达 70 mm。

勘察后发现建筑物沉降原因为填土质量差，灰土垫层施工质量不好，地基土遇水浸泡产生湿陷变形。针对沉降原因，创造性地提出采用夯实生石灰、水泥、砂、土桩的处理方案，根据荷载及地基强度情况，在内外墙 0.4 m 处沿条形基础以 0.8 m 间距布设两排桩径 150 mm、桩长 4 ~ 5 m 的微型桩，基础钻穿，挤密成孔，重锤分层夯实，基础扩大头采用混凝土予以封堵，确保桩对基础顶升效果。为减少施工造成的附加沉降，采用间隔 3 m、间隔 3 天的跳打方式，共完成 257 根桩，成桩后沉降停止，部分含水量高的部位还因生石灰吸水膨胀有一定抬升，托换后正常使用至今，取得很好的经济和社会效益。

## 秦皇岛市邮政大楼基坑工程

建 设 地 点：河北省秦皇岛市
建 筑 面 积：19 642 $m^2$
实 施 时 间：1999 年
获 奖 情 况：部级优秀工程一等奖

该大楼占地 4 306 $m^2$，建筑面积 19 642 $m^2$，地上 21 层，地下 2 层，建筑高 76.8 m，最高点 103.1 m，为秦皇岛市重点工程。项目靠近渤海，地质条件复杂，地下水位埋藏较浅，附近临近建筑物较多，对设计和施工要求很高。经过对“止水帷幕”“土钉支护”等方案比较，最终确定“井管及轻型喷射井点降水，自然放坡”方案。工程总量：管井 28 个，其中降水井 19 个，注水井 6 个，观测井 3 个，轻型井点 150 个，挖土方近 3 万 $m^3$。施工期间地下水得到有效控制，对周围建筑无明显影响。

## 井陉岩峰化肥厂动力基础改造

建 设 地 点：河北省井陉县
实 施 时 间：1988 年

因为动力设备更换，需对原已施工的动力基础进行改造，需去、补钢筋混凝土。设计进行了地基刚度和动力计算，校核了允许振幅的满足性，并在新基础上架空 3 m 高，用钻机钻进 20 个设备地脚螺栓孔，采用精准定位，导向钻进，保证了地脚螺栓孔精度，吊装设备一次成功落位。项目很有特点，施工过程中解决了许多技术难题。

## 抱犊寨旅游设施工程地质勘察

建设地点：河北省石家庄市鹿泉区
实施时间：1989 年

该项目涉及山顶旅游设施及索道上站、中站、下站勘察，地质条件复杂，施工困难，钻机及钻进用水都靠人工搬运上去，特别是莲花山中站站址地处构造发育带，附近有一条断层通过。经过认真分析评价，我们给出了“中站稳定，可以建站”的结论，为索道建设奠定了基础，并通过勘察为设计提供了可靠的设计数据。该旅游景点已成为石家庄周边重要的旅游目的地，实现了很好的经济和社会效益。

## 天洋大厦水泥土桩地基处理

建设地点：河北省石家庄市
实施时间：1993 年

天洋大厦为地上 18 层，地下 2 层，建筑物基础形式为钢筋混凝土箱型基础，基础埋深 6.7 m，天然地基承载能力为 145 kPa，不能满足承载力和压缩模量要求，处理后承载力标准值应大于 270 kPa，压缩模量大于 20 MPa。该项目采用夯实水泥土桩进行处理，设计参数：水泥含量 12%；桩径 $D$=400 mm；桩体承载力标准值 $fc$=1.9 MPa；置换率 m=0.075；按正方形布桩，桩间距 $L$=1.30 m；有效桩长 $H$=7.0 m。处理后载荷检测满足要求。本项目为省内首次采用大口径夯实水泥土桩处理高层建筑地基，有很好的技术引领作用。

## 石家庄北国商城工程地质勘察

建设地点：河北省石家庄市
实施时间：1992 年

石家庄北国商城为石家庄最大的商业综合体，地处石家庄商业中心。该建筑平面范围长 120 m，宽约 60 m，地下 1 层，地上 6~8 层，高度 36~45 m，框架结构，采用部分独立柱型基础，部分筏板基础，基础埋深 8.0 m。该项目采用了综合勘察手段和新技术应用，通过钻探、标贯、动探、波速测试、土工试验、基坑卸荷回弹测试、地基土载荷试验，提供了地基强度和变形指标。根据地质条件，经认真分析评价，设计团队提出了天然地基方案，并提出了 8 m 多基坑采用 75° 近直立放坡，底部出露砂层采用堆土袋防护的开挖方案，为甲方节约大量建设资金，体现了技术先进性和领先性。

## 太原至澳门国家重点公路济源至晋城（省界段）高速公路初步工程地质勘察

建设地点：河南省济源市
实施时间：2004 年
获奖情况：部级优秀工程二等奖

该项目地点位于济源王屋山，地势险峻，高差比较大，地质条件复杂，桥隧相连，钻孔位置有半山腰、冲沟内、河谷内，难度非常大；构造发育复杂，技术难度大。通过调绘、钻探、现场及室内试验，进行了分析评价，提供了桥基、路基设计参数，提供了隧道围岩类别，并对线路区域稳定性和不良地质进行了评价及治理建议。

## 亚太大酒店贵宾楼地下车库基坑支护工程

建设地点：河北省石家庄市
实施时间：2001 年
获奖情况：部级优秀工程三等奖

该项目南临亚太大酒店，贵宾楼主体已施工完毕，车库开挖深度 6.8 m，紧邻建筑，具有很大难度。项目认真研究地层条件及参数，经过技术经济对比，采用了土钉墙支护方案。通过精细设计，现场严格控制开挖尺寸，及时进行支护作业，施工各方系统考虑，紧密配合，协调推进，顺利完成该高难度支护。

## 京石高铁、石家庄枢纽工程地质勘察

建设地点：河北省石家庄市
实施时间：2008 年— 2009 年

在此项目中，团队先后完成了京石高铁石家庄段、邯郸段等标段工程地质勘察。该项目特点为线路长，设计地貌单元多，地质条件复杂，有众多工程地质问题。高铁设计追求零沉降，要求技术控制严格，团队通过测绘、钻探、现场测试、室内试验等手段开展工作，严控技术，加强检查验收，确保质量，克服钻机量大，管理人员多的难题，顺利完成勘察任务；认真查明地下管网、线缆情况，顺利实施勘察，成果准确，受到甲方高度评价，成为长期合作单位。

## 太中银铁路靖边至定边段定测工程地质勘察

建设地点：陕西省靖边至定边
实施时间：2006年

该项目为公司承揽的第一个高速铁路勘察项目，线路穿越低山丘陵、耕地和沙丘，线路长，组织难度大，特别是沙丘路段，钻机搬家移位及钻探用水是难题。通过周密组织，严格技术控制，团队对不良地质进行了分析，提供了准确的设计参数，取得良好效果，开启了高速铁路勘察。

## 石家庄华药集团生活一区岩土工程勘察

建设地点：河北省石家庄市
实施时间：2000年
获奖情况：河北省优秀工程勘察设计二等奖

本项目为高层建筑群勘察，由4栋24层、2栋18层建筑组成，设有1层或2层地下室，基础埋深3.5~6.0 m。该勘察采用了钻探、静探、探井、波速试验、常时微动、土工试验，查明了地层分布，对场地稳定性、地基抗震性、地基土湿陷性、不良地质形象、天然地基强度和均匀性进行了评价，对基础方案和地基处理形式进行了分析论证，提出了地基处理建议，技术先进，评价准确。

## 京珠国道主干线安阳至新乡段高速公路扩建第一合同段施工图阶段工程地质勘察

建设地点：河南省安阳至新乡
实施时间：2004 年—2005 年
获奖情况：部级优秀工程二等奖

该项目属于京珠国道扩建为双向八车道工程，项目线路总长度 47.25 km，大桥 5 座，中桥和分离式立交桥 12 座，小桥、通道 21 座，路基点 50 处。设计采用地质调绘、钻探、坑探、室内土工试验，利用原有勘察资料，查明了沿线地质构造，工程地质条件，对路基、路堑、桥梁、通道工程地质条件进行了分析评价，提供了准确的设计参数。

## 厦门福隆体育公园体育商城边坡治理工程

建设地点：福建省厦门市
实施时间：2007 年

该项目位于厦门市湖里区南山路马峰山西侧，坡高超过 90 m，边坡长度 200 m，采用锚索 + 格构柱结合坡面喷射混凝土的支护模式。本工程施工难度大，历时 7 个月完成。

# 行业影响及活动

“岩土工程丛书”书影

作为工程勘察、设计领域专家，本人参加了由中国工程勘察设计协会组织的“岩土工程丛书”的编写，担任其中部分丛书的副主编、编委。该丛书在行业具有较大影响力，丛书集有关规范、经验资料和先进科研成果之大成，内容丰富，资料翔实，具有实用性、简明性、指导性、先进性和可靠性，是从事各种工程的岩土工程生产、科研和教学科技人员的必备工具书和重要参考书。

作为行业专家，本人参加了《工程地质手册》第四版、第五版的编写。《工程地质手册》自1975年第一版出版以来，一直在广大工程地质技术人员中享有盛誉，是从事勘察行业技术人员学习技术理论，参考其他有关单位先进经验资料的重要依据，成为广大技术人员信赖的工具书。从第一版到第五版，编者不断根据行业发展需求进行内容更新，适应了广大工程技术人员学习工程地质和岩土工程方面的知识和技能的需要，也成为“注册土木工程师(岩土)”执业资格考试的主要参考书之一，是工程勘察、设计、施工技术人员及高等院校有关专业师生的参考书。

《工程地质手册》书影

2017 年 9 月，工程勘察与岩土分会第七届理事会第二次会长会议

2018 年 5 月，《工程地质手册》（第五版）发布会

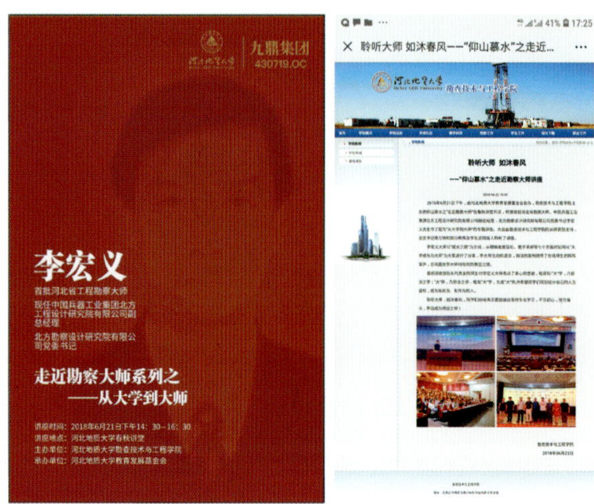


高校讲座活动海报　　讲座报道

# 张振拴

汉族，1951年出生，河北省辛集市人，中共党员。1975年毕业于河北地质学院水工系，同年分配至中国科学院兰州冰川冻土研究所沉积室，任技术员、助理研究员，主要从事滑坡、泥石流及冰川第四纪地质科学研究工作。1987年调入石家庄地区建筑设计院，任工程师、室主任，从事岩土工程勘察等方面技术工作。

1990年至今在河北省建筑科学研究院，历任地基基础所所长、院副总工程师、总工程师、技术顾问，高级工程师、正高级工程师、注册土木（岩土）工程师，河北工程勘察设计大师。

**社会任职**

国际土力学会会员，中国建筑学会地基基础分会理事，中国土木工程学会桩基学术委员会工程质量分会理事，河北省土木建筑学会常务理事，工程结构、工程诊治、工程勘察和工程概要等学术委员会委员，历任地基基础学术委员会第二、三届秘书长，第四、五、六、七届主任委员。河北、福建、河南和江西等省科技成果鉴定评审专家。河北省建筑工程评标专家，河北省危险性较大建设工程安全论证审查专家，第二届住建部建筑地基基础标委会顾问委员。石家庄铁道大学、燕山大学、河北工业大学、河北建筑工程学院、河北农业大学、河北地质大学等6所硕士研究生导师。

**科研成果**

多年来从事工程地质、岩土工程、建筑地基基础、土木建筑工程领域的技术及科学研究工作，出版著作10余部，发表学术论文70余篇，主持完成20余项科研课题，获河北省科技进步二、三等奖10余项、建华工程奖一等奖1项、河北省建设厅科技进步一等奖15项，河北省优秀工程勘察设计一等奖1项。主编和参编国家标准10项、地方标准15项。

**单位评价**

张振拴同志，1990年调入河北省建筑科学研究院工作，1995年破格晋升为高级工程师，2001年晋升为正高级工程师，在院先后担任所长、副总工程师、总工程师等职务。该同志工作上爱岗敬业、认真负责、团结协作精神强；理论基础扎实，科研能力强，工程经验丰富，勇于创新。其主持完成数百项重大岩土工程、地基基础、基坑工程等项目勘察及工程中疑难技术处理。该同志善于总结经验，选题立项，主持完成20余项科研课题，先后发表学术论著数十篇册，获河北省科技进步二、三等奖10余项、河北省建设厅科技进步一等奖15项，主编和参编国家和地方标准20余项。连续多年被省建研院和省住建厅评为优秀党员和先进工作者，曾被省住建厅授予“十佳”优秀党员称号，被住建部授予“十五”全国建设科技进步先进个人，同时是河北省“巨人计划”创新团队人选。

张振拴同志在院任职期间，掌握国内外同行业技术前沿发展趋势，结合我省本领域岩土工程实际，开展科技攻关，推广新技术，为我省的建筑地基基础、岩土工程技术的发展与进步做出了积极贡献。尤其在夯实水泥土桩复合地基和CFG桩复合地基等工艺研究方面做出了突出贡献，为推动我省建筑地基基础、岩土工程等领域发展和进步做出了贡献。

张振拴 ○

# 自传

**（一）青少年时代**

1951 年，我出生在河北省辛集市（原束鹿县）新城镇南庄村的一个农民家庭，家境贫穷，祖、父几代没有登过学校的大门，以务农为生，对有知识和文化的人非常羡慕和敬重，尊称他们为先生。父母对我读书学习抱有殷切希望，我自己也渴望学到更多知识和文化。我于 1959 年 6 月至 1968 年 10 月，在小学和初中读书，1969 年至 1971 年在新城中学和束鹿县农业技术学校读高中和技校。在小学和初中读书期间，条件很艰苦，但我学习很刻苦，几乎每天晚上提着煤油灯到学校上晚自习课。还积极参加课外活动，响应毛主席向雷锋同志学习的号召，以雷锋为榜样，经常给孤寡老人打扫院子，定时挑水等。学校停课期间，我在家边劳动边学习，还在本村担任民兵连副连长和农业技术员。

**（二）大学时代**

1972 年 4 月，我 21 岁，被推荐为工农兵学员，收到了河北地质学院（现为河北地质大学）录取通知书，实现了自己上大学的梦想。全家人喜出望外，母亲忙着为我准备好生活用品，变卖了家里仅有的几个鸡蛋凑了一些钱，为我买了去宣化的火车票，几位家嫂亲手为我做了两双新鞋，缝制了新衣服等。我带着亲人们这些纯手工行装，进入了大学。在中学期间，我爱好体育运动，希望能报考体育院校，但阴差阳错，被河北地质学院录取。在这里我的人生轨迹有了转变。开学后，我被分配到水工系水文地质与工程地质专业，本科，开始了在河北地质学院三年半的学习。

1953 年由地质学家李四光、革命家何长工选址塞外古城宣化，成立了我国最早的设置有经济类专业的地质院校——中央人民政府地质部宣化地质学校；该学校于 1971 年升格为河北地质学院；1985 年学校迁址河北省省会石家庄；1996 年更名为石家庄经济学院；2016 年更名为河北地质大学。河北地质学院当年设有地质系、水工系和物探系 3 个系。我们是河北地质学院招收的第一届大学生，水工系分为 1、2 班，即为 7201、7202 班。水工系以水文地质及工程地质专业为主要教学内容。

学校领导是郭思敬、李春溪、冯承瑞，都是“老革命”，并在高等教育战线工作多年。能够作为工农兵学员上大学，在当时是很幸运的一件事。当年流行的口号是“人民送我上大学，我上大学为人民”。我决心要如饥似渴地多学知识。晚上上自习的时候，郭思敬院长经常到教室了解学生学习情况，督促大家学好专业知识，将来为社会主义建设服务。

水工系领导是周德裕和黄心平。学院的老师包括两部分：一部分是原宣化地质学校的老师；另一部分来自原地质部“五七干校”，其中很多是地质部重要部门的专家。老师们很努力，由于当时没有现成教材，大部分的专业技术课教科书是老师们自编和改写的，油印出来，现写现用。我当时参加了很多教材的油印工作，毕业时还带到了工作单位，一直保存数年。还记得编写《专门水文地质》的是卫中鼎老师，编写《地貌和第四系地质》的是杨子赓老师，编写《地下水动力学》的是王琼声、薛月桢老师，编写《矿区水文地质》的是崔光中、谭绩文老师，编写《工程地质》的是杨文远、匡有为老师，编写《地下水化学》的是李昌静老师，只有《普通水文地质》是用北京地质学院王大纯教授“文革”前编的统编教材。老师们用自己写的教材讲课，讲课很生动。还有很多老师是从野外地质第一线来到课堂。刘光亚老师讲“基岩地下水”和找水技术方法，他用自己的工作实例，深入浅出地讲解了水文地质的内核，我们在课堂上听不过瘾，还要求老师在晚上办讲座，每次都是座无虚席。

基础课是工农兵学员的弱项。由于原来的基础不同，很多同学数学、物理和英语学起来很吃力，每天教室里都是灯火通明，大家刻苦学习到半夜。教“数学”的佟老师，教“物理”的朱五和老师，教“构造地质学”的王世德老师和教“岩石力学”的陈老师给我们留下很深的印象。学院伙食不是太好，但文体活动较多。我喜欢运动，经常参加锻炼身体，打排球、篮球、乒乓球等。跑步是我的特长，在学校 3 000 米长跑比赛中，荣获比赛第二名。冬天可借冰鞋去滑冰场滑冰。图书馆小楼带来无限的温馨。地质陈列馆的岩石矿物给我留下了牢固的记忆。当时国家发的助学金足够养活自己，但每月的粮食定量少，主食不够，我还要从家里带些粮票来补充。

**（三）在中国科学院兰州冰川冻土研究所期间**

1975 年我到中国科学院兰州冰川冻土研究所（现中国科学院寒区旱区环境与工程研究所）工作，之后被分配到泥石流研究室，室主任李鸿琏研究员是我国泥石流科学研究的重要创始人之一。在他的领导与指导下，我学到很多工作方法和研究方法。地质地貌室与泥石流室合并为沉积室后，我在郑本兴研究员指导下工作。在他的带领下，天山博格达峰冰川考察获中国科学院科技进步三等奖。在此期间我一直在指导老师的安排和指导下做研究工作，在研究方法和科研工作方面，增长很多的知识，受益良多。

1975 年至 1978 年，我参加了云南东川、甘肃定西和天水地区泥石流调查和规划治理工作，承担了泥石流的工程防治和生物防治课题，通过分析总结，提出了泥石流的防治研究报告。1978 年至 1980 年我主要参加了《西藏冰川》一书中西昆仑山冰川的统计计算，完成了西昆仑山冰川基本数据和资料统计工作，并绘制了相应的冰川分布图 35 幅；参加了天山乌鲁木齐河源冰川地貌与冰川沉积的考察及室内总结工作；参加了英国地貌学家德比希尔主讲的冰川沉积研讨班及乌鲁木齐河源冰川沉积野外考察。1981 年至 1986 年我参加了中日联合进行的天山博格达峰地区的冰川考察和总结、中国科学院综合考察委员会组织的南迦巴瓦峰地区的登山科学考察，独立承担了古冰川方面的科研课题，并完成相应的总结。在此期间还参加了在兰州举行的美国、日本、奥地利和中国等四国山地冰川演化讲习班，在讲习班上作了《乌鲁木齐河的冰川演化》报告，并陪同外宾前往天山冰川考察站进行考察；参加了中英昆仑山垭口及柴达木盆地第四纪环境演变的野外考察和陕西太山的古冰川考察；参加中日西昆山冰川与冻土考察及科研总结工作。我同时参加了《青藏高原内陆水系》的编制工作。

《青藏高原内陆水系》书影

经过几年的努力工作，完成了《青藏高原内陆水系》（班公湖流域区、扎日南木错流域区、多格错仁湖和依布茶仁湖流域区、色林错流域区）的冰川编制工作。该书为《中国冰川目录》Ⅶ，共 4 册，科学出版社 ,1988。

完成科研课题 10 项。发表论著有：《天山乌鲁木齐河源的雪线变化》（载《冰川冻土》1981 年 3 月增刊：106-113）；《天山博格达峰地区冰积物的粒度特征》（载《冰川冻土》，1983,5(3):191-200）；《南迦巴瓦峰地区冰川沉积的初步研究》（载《河北地质学院学报》，1984(3):37-45；《南迦巴瓦峰地区冰川沉积》（收录于《全国雪冰学术会议论文集》，甘肃人民出版社）；《昆仑山冰川分布、发育及其变化》（收录于《青海柴达木盆地晚新生代地质环境演化》，科学出版社 ,1986）；Moclern glaciers on the south slope of west Kunlun Mountains（Bulletin of Glacer Research,1987(5)：85-91）,《南迦巴瓦峰西北坡末次冰期以来的冰川变化》，（载《冰川冻土》，1988,10(2):181-188)；《南迦巴瓦峰地区古冰川作用初步研究》(收录于《南迦巴瓦峰登山综合科学考察》，科学出版社，1986）等共 24 篇部。其中天山博格达峰—

阿尔泰山区科学考察项目，1986年获中国科学院科技步三等奖。

**（四）在石家庄地区建筑设计院期间**

1987年5月调入石家庄地区建筑设计院以来，我承担了工程地质勘探现场描述等钻探工作，还有室内岩土工程勘察报告资料整理、图表的编制、报告的编写、技术审核审定及管理等工作，完成石家庄地区房产管理处宿舍楼、石家庄市结核病防治所办公楼、地区行署档案馆、河北省武警总队新建区、正定中学办公楼、河北省武警总队修理所和武警总队宿舍楼、石家庄市冀兴花园等200余项重要和大型岩土工程勘察项目。

通过几年的岩土工程勘察工作，我能够独立承担新建、增建和改建工程的岩土设计、现场施工、工程地质描述及地层划分，能够很好地完成工程地质剖面图编制，土工试验资料整理、物理力学指标的统计计算、岩土勘察报告的编写工作，能够按期完成各项任务。为建筑结构的工程设计人员提供可靠的地质地层条件和地基承载力以及各种物理力学指标，提出新建建筑场地的地基基础方案和建议。

在新旧规范的学习与技术更新方面，经过多次参加规范学习班的学习和研讨，我提高了对新旧规范规定的认识。新的规范对原工程勘察工作的目标和任务提出了新的要求，而更多的是涉及场地的岩土体的整治、改造和利用的分析论证，以体验勘察应用服务于工程建设的全过程。通过学习、应用，扩大了规范的使用范围，提高了对地下洞室、岸边工程、尾矿坝等岩土勘察的内容认识，加强了岩土工程评价的针对性。另外，我学会了在工程实践中按照工程的复杂性和难易程度对岩土工程区别对待，进行科学分级。

**（五）在河北省建筑科学研究院的工作**

1990年我调到河北省建筑科学研究院，在地基基础研究室工作，室主任是吴廷杰，任命我为副主任。当时该院勘察资质是临时丙级，后经过努力，增加人员，增添机械设备，公司资质升为工程勘察乙级，后经大家的不断努力，把工程勘察乙级升为现在的甲级。在我担任地基基础研究所所长几年间，我院引进地基基础新技术，夯实水泥土桩技术、CFG桩复合地基技术、注浆技术等。当时利用这些技术为建研院创造了很好的经济效益。这些新技术为社会应用提供了方便，并一直沿用至今。在我担任所长几年里，我院生产能力和技术水平大大提高，地基基础研究室从当时的生产产值几十万元，连续三年翻三番，为建研院的发展做出了贡献。

我在工作上兢兢业业、认真负责，加强理论基础学习，刻苦钻研科研技术，积累工程经验，勇于创新。我主持完成数百项重大岩土工程、地基基础、基坑工程勘察等项目，为解决工程中疑难技术问题发挥了一定作用。本人善于总结经验，选题立项，主持完成20余项科研课题，先后发表学术论著数十篇册，获河北省科技进步二、三等奖10余项、河北省建设厅科技进步一等奖15项，河北省优秀工程勘察设计一等奖1项；主编和参编完成国家和地方标准20余项；连续多年被省住建厅和省建研院评为优秀党员和先进工作者，曾被省住建厅授予“十佳优秀党员”称号，被住建部授予“十五”全国建设科技进步先进个人，河北省“巨人计划”创新团队人选。

在院任职期间，我掌握了国内外同行业技术前沿发展趋势，结合我省本领域岩土工程实际，开展科技攻关，推广新技术，为我省的建筑地基基础、岩土工程技术的发展与进步做出了积极贡献。尤其在夯实水泥土桩复合地基和CFG桩复合地基等工艺研究方面做出了突出贡献，为新技术在我省建筑地基基础、岩土工程等领域的推广应用发挥了积极作用。我始终把建研院的科研和技术发展放在首位，组织科研课题，落实完成情况，加强规范的学习和应用，加强院里技术报告的规范管理。

在多年从事工程地质、岩土工程、建筑地基基础、土木建筑工程领域的技术及科学研究工作基础上，我担任了多项专业学会理事等职务，并在多所高校担任硕士研究生导师。学会和兼职平台的优势，增加了我与各阶层的学习与交流。我充分发挥自己的作用，为建研院及河北省的建筑地基基础学术交流、科技进步做出自己的贡献。

在河北省建筑科学研究院工作28年间，单位的各级领导和同事们都给了我很大的支持和帮助。在以前工作和科研的基础上，我充分发挥自己的作用，把自己掌握的科研技术充分发挥出来，在做好岗位工作的同时与大家一起做好专业技术工作，积累经验，开展技术创新。我将不忘党和国家对我的培养，不忘初心，继续发扬自己的特长，为单位发展和行业科技进步做出新的贡献！

## 主要业绩

### 一、完成的工程项目及实例

某工程挡土墙设计

桩基静载荷试验现场

1.完成的工程项目

在河北省建筑科学研究院期间，张振拴主持和参与完成了岩土工程勘察、地基与复合地基、基坑与边坡设计、建筑地基基础施工、地基与桩基工程检测、工程事故处理与建筑物整体移位等工程近千项。主要工程项目如下。

①唐津高速公路田庄互通立交收费站岩土工程勘察，2003年6月。

②石家庄师范专科学校新校区教学楼一、教学楼二岩土工程勘察，2003年9月。

③第十三研究所38号住宅楼岩土工程勘察，2003年10月。

④北方大学园学生公寓岩土工程勘察，2003年11月。

⑤石家庄天嘉科技园岩土工程勘察，2004年3月。

⑥河北省地震局应急网络项目指挥中心扩建岩土工程勘察，2006年11月。

⑦山海关关城及东罗城墙修复工程靖边楼马道区段综合检测、稳定性分析评估报告（1、2、3），2006年12月。

⑧山海关南海花园12-2-2室、13-2-1室、27-2-2室墙体裂缝检测鉴定，2008年1月。

⑨河北政法职业学院新校区3＃学生宿舍地基处理，2007年4月。

⑩中电十三所产业园6＃、7＃、12＃、19＃住宅楼岩土工程勘察报告，2007年6月。

⑪秦皇岛新天地广场基坑支护工程设计计算与施工组织设计方案，2007年12月。

⑫中国人民解放军92270部队厂房岩土工程勘察，2007年8月。

⑬河北省儿童医院医研楼加层岩土工程勘察，2007年12月。

⑭邢台市天一城一期工程岩土工程详细勘察报告，2007年12月。

⑮邯郸市安居·义商国际基坑支护、防渗帷幕施工方案，2007年12月。

⑯石太高速公路鹿泉至井陉段交通工程及沿线设施

岩土工程勘察，2007 年 12 月。

⑰华石药三废治理中心整改扩建工程岩土工程勘察，2008 年 3 月。

⑱石家庄人防 511 工程沿街综合楼基坑支护设计计算方案，2008 年 3 月。

⑲石家庄市冀兴新能源有限公司风电厂房岩土工程详细勘察报告，2008 年 3 月。

⑳国华爱依斯（黄骅）风电场一期 1 #、2 # 试验场预应力管桩检测，2008 年 4 月。

2. 古建筑勘察检测工程实例

若要科学指导古建筑的维修和保护工作，首先要对古建筑进行全面、彻底的勘察检测，查明古建筑体内威胁其安全的缺陷和隐患，以此为依据，对其现状安全性进行评价。“古建筑勘察检测技术方法”为河北省建设科技计划基金项目，已获得河北省科技进步三等奖，河北省优秀工程勘察设计一等奖。

自 2004 年开始，该方法先后在以下项目应用：河北省安国市伍仁桥，明代石拱桥；万里长城山山海关关城及东罗城城墙（台），6 000 m，明代，外两侧包砖，内夯土结构，部分为单侧包砖，内夯土结构；万里长城山海关关城至老龙头段长城城墙（台），5 000 m，明代，外两侧包砖，内夯土结构，部分为单侧包砖，内夯土结构；万里长城山海关关城至角山段长城城墙（台），4 000 m，明代，外两侧包砖，内夯土结构；河北省涿州市古永济桥，桥长 620 m，明代石拱桥；河北省怀来县鸡鸣驿城，250 000 m$^2$，明永乐十八年（1420 年），古军邮驿站；河北遵化清东陵景陵圣德神功碑楼墩台，清雍正三年（1725 年），砖石结构；河北张家口大境门及部分长城墙体，明代，外两侧包砖，内夯土结构。

古建筑勘察检测技术方法以全国重点文物保护单位的古城墙及墙基为基础，选择不同损坏程度的古城墙体、古城台，古桥地基基础及桥体，古建筑地基及其地下洞穴的典型地段，开展探地雷达检测、瑞雷波（面波）勘探、高密度映像、常时微动和回弹测试方法的有效性测试研究，研究每种检测方法的适用条件与可靠性，技术参数与指标的可信度，规范其勘察检测技术方法操作与应用。

万里长城山海关关城至东罗城城墙（台）、老龙头段长城城墙（台）和角山段长城城墙（台），共长 15 000 m 对其进行勘察及检测，外两侧包砖，内夯土结构，部分为单侧包砖，内夯土结构。本次检测工作采用美国地球物理测量系统（GSSI）公司生产的 SIR-3000 H 型探地雷达测量系统，由主机和天线两部分组成。其中，天线分别为 5103 型 400 MHz 收发单置屏蔽天线和 3107 型 80 MHz 收发单置屏蔽天线，收发一体。

采用探地雷达对城墙检测

采用探地雷达对墙体顶面检测

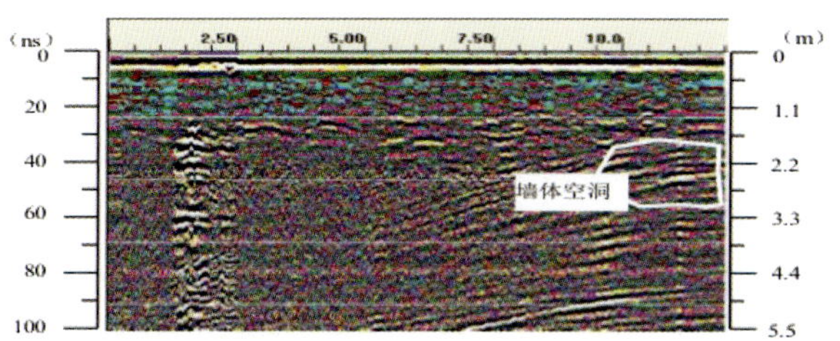

采用探地雷达对城墙检测图像分析显示出墙体空洞位置及大小

经对古建筑勘察检测技术方法实际应用，通过对不同形制的砖石、夯土类古建筑物的综合勘察检测和研究分析，提出了适宜古建筑的勘察检测技术及方法：地基采用钻探与挖探；墙体脱空、裂隙、空洞采用探地雷达与瑞雷波（面波）勘探；墙外砌砖层采用探地雷达与回弹测试组合检测；古建筑稳定性采用面波勘探与常时微动组合检测；探测地下古洞穴采用面波勘探与地震映像法组合等。

古城墙砖墙顶瑞雷波现场测试

古城墙土墙顶瑞雷波现场测试

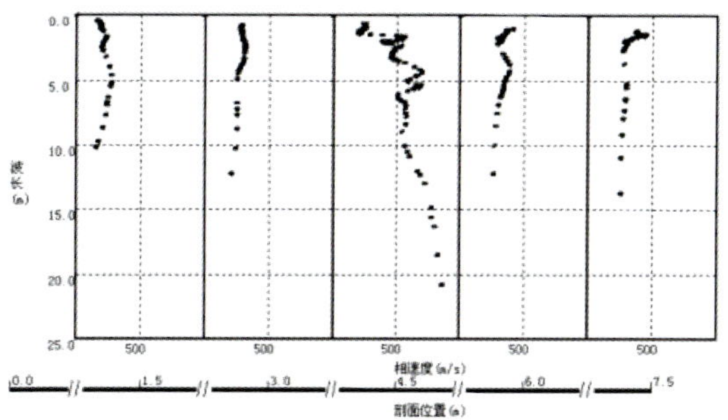
靖边楼北抢险区段城墙面波 R8 频散曲线成果图

3. 基坑工程实例

随着我国经济的快速发展，基本建设规模不断扩大，特别是在大力推进城镇化建设中，城市高层建筑、地下建筑、隧道等工程大幅度增加，同时为了节省土地，充分利用地下空间，相应的基坑工程越来越多，尤其是在市区繁华地段，基坑向深、大发展，并且基坑与相邻建筑物的距离越来越近，基坑工程的复杂程度越来越高。确保基坑的可靠、稳定和安全，是建筑工程施工的关键技术。张振拴主持完成了多项基坑工程的设计、施工及事故处理。

基坑深、大、紧、近建筑物

工程的复杂程度越来越高

由于受到地质条件、荷载条件、施工条件和周围环境复杂条件的影响，很难单纯从理论上准确计算基坑工程中支护结构（体系）的变形、受力、位移等，并且建筑基坑支护施工过程中，由于工程地质情况复杂，基坑支护具有施工难度大、工期短、周边构筑物密集、支护施工以及基坑排水受周围环境影响较大等特点，因此容易发生基坑失稳坍塌，造成重大安全事故。

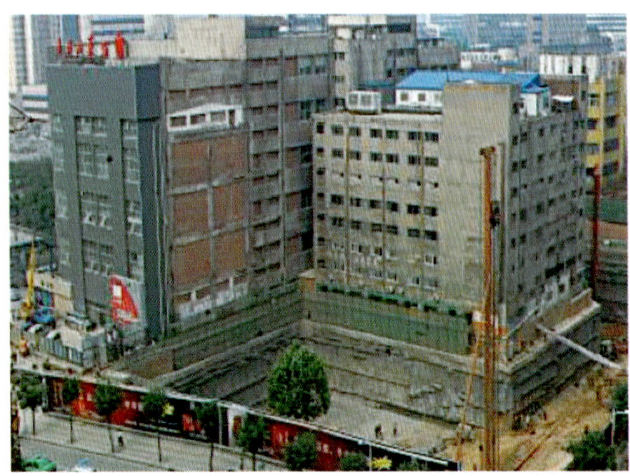
石家庄华锦大厦基坑工程，基坑支护施工难度大、工期短，周边构筑物密集

为了确保基坑在开挖和使用期间周边既有建筑、道路、管线等地下设施的正常使用，确保基坑施工和使用期间人员和财产的安全，需要对基坑采取必要的支护措施，严格控制基坑土体变形，并且在基坑工程使用中，加强支护结构检测及基坑监控，能够及早发现一些问题，使基坑工程施工和使用能够始终处于一种有效的掌控之中，杜绝重大安全事故发生。张振拴及团队近几年在基坑工程中处理和解决了一些重大的工程技术难题。

4. 基坑工程事故处理实例

近年来，张振拴参与了多项基坑工程技术论证和事故处理，解决了工程中的重大技术难题，保证了工程质量和安全，挽回了经济损失。

1）基坑工程概况

某音乐广场基坑，占地约 6.5 亩约 4 333 $m^2$，地下 2 层，地上局部 2 层，南北长 85.39 m，东西宽 50.4 m，建筑面积 11 254.6 $m^2$，基坑深 9.8 m，局部深 10 m。工程处于市中心地带，北侧为大酒店，南、西紧临街道，东靠住宅楼。工程地下 1 层为商业、地下 2 层为停车场，地上为集大众娱乐和休闲于一体的大型公共建筑。主体结构为钢筋混凝土框架结构，独立基础，地上屋顶为轻型采光结构。地下室设计标高 -8.5 m。基坑西侧和南侧为城市主干道，下部设有城市主排水管、给水管、燃气管，基坑边上方有高压线缆、通信线缆等，基坑东侧为垂直边坡方向 5 排 2 ~ 4 层住宅楼。该工程基坑采用排桩和土钉墙支护方案，于 2008 年 10 月开始施工护坡桩、锚杆。2009 年春节前完成北、东、南坡护坡桩并开挖基坑，先后清运土方约 4.5 万 $m^3$，2009 年 4 月上旬主体施工单位进驻工地现场，2009 年 4 月底基坑支护工程基本完成。基础施工已完成混凝土垫层及防水处理，局部已开始绑扎筏板和柱基钢筋。

2）事故发生过程

基坑第一次坍塌发生于 2009 年 5 月 9 日，当天下了一场历史罕见的暴雨，晚上基坑西侧排水管破裂，雨水流入基坑，护坡发生坍塌，随之大量雨水涌入基坑。第二次坍塌发生于 2009 年 5 月 11 日上午 9 时许，基坑东侧护坡发生局部坍塌。

3）事故造成的严重后果

①基坑西侧主路主排水管破裂，当晚雨水 20 000 m$^3$ 灌入基坑。路面坍塌，交通中断。

②基坑西侧坑壁全部坍塌，护坡桩折断，土钉失效，供水、供气管道折断，高压供电线塔倾覆、线路折断，致使桥东区局部区域一度停水、停电。

基坑西侧坑壁全部坍塌，护坡桩折断，土钉失效

供水、供气管道折断，高压供电线塔倾覆、线路折断，致使区域一度停水、停电、停气

③北侧坑壁三分之二坍塌，道路中断，通信线杆严重倾斜，线路折断，通信中断。

④基坑东侧北段 20 m 左右区域支护桩倾覆、折断，坑壁坍塌。

⑤东侧邢台市人民医院 4 栋住宅楼人员被紧急疏散。

⑥为防止事故发展，有关部门启动应急预案，紧急组织力量，对基坑的北坡、东坡采取回填反压，回填土方约 8 200 m$^3$。

基坑东侧北段 20 m 左右区域支护桩倾覆、折断，坑壁坍塌

⑦工程停工，损失严重，据估计直接损失在 500 万元人民币以上 。

4）基坑事故原因分析

①基坑边界条件复杂：基坑西侧，原为城市古河道，后期回填，未彻底清除河底淤泥，土体强度低；西侧城市排水管沟距离近，结构简陋，年久失修，抗变形能力差，长期渗漏，造成土体含水量大，土体呈饱和状态。

②气候条件：当时突降暴雨，降雨量为当地有降雨记录以来历史新高（降雨量 175.5 mm）。排水管壁压力增大，基坑开挖，造成侧壁土压力降低，致使排水管壁破裂，雨水倒灌。

③市政管线距离基坑过近，极易造成损坏。

④基坑支护方案设计依据不足：勘察报告布孔数量不符合规范要求，孔距偏大，东西土层剖面仅有两条，

间距35m。土层剖面为借用北侧大酒店资料，间距45m。土层参数取值依据不足，大酒店地下1层，埋深4.0m，本基坑深度将近10m。原报告只有上层土$C$、$\varphi$值，且数量偏少。

⑤设计方案存在不足：方案设计边界条件不明确，与实际不符；方案计算模型不合理，深坑10m，采用悬臂桩结构，400mm桩径，设计采用锚杆计算模型，实际为土钉结构；支护结构构造不合理，基坑周边有高差变化处，衔接构造采用截面突变，只有两桩相连，整体性不足；支护结构布置杂乱，缺乏整体性能；桩间距、桩型多次交叉。

⑥施工缺陷：施工方案将锚杆改为土钉，改变了支护受力工作模式。施工质量差，土钉钢筋定位不居中，灌浆不饱满。施工管理混乱，无施工记录。

⑦工程管理混乱，无正式的设计方案，未经专家评审，无政府监管，违反建设程序。

5. 某地下车库抗浮事故技术咨询

某工程地下车库施工开挖深度约为8m，自然放坡。地表下2.0～3.0m为强风化混合花岗岩，为弱透水层或不透水层。地下车库结构形式为框架结构，独立基础加防水板，防水板厚度200mm，设计混凝土强度等级为C30，防水板底标高为24.15m，建筑地面标高为25.30m，设计抗浮水位标高24.50m。2011年8月地下车库结构施工完成。地下车库上面覆盖土层及地下车库底板回填土层随后完成。

2012年雨季，当地多次出现降雨天气。2012年7月降雨量为307.5mm，较历年同期偏多62%；2012年8月降雨量为494.5mm，较历年同期偏多225%；2012年9月降雨量为92.4mm，较历年同期偏多81%；2012年8月某日昼夜降雨量为222.9mm，为大暴雨。

之后，发现地下车库防水板破坏，个别独立基础开裂。当时实测水位在地下车库顶板上1.2m（标高为30.7m）左右。次年8月，采取措施进行加固处理，10月处理完毕。

2014年年底，当地住建局组织专家组，对该地下车库底板裂缝问题进行技术咨询。张振拴与其他4位专家听取了建设、勘察、设计、施工、监理单位技术人员对有关情况的汇报，查阅了相关技术资料，并查看了工程现场。经充分讨论达成以下几点共识。

首先，持续降雨和大暴雨造成地下车库周围水位上升到地表下0.6～0.7m(标高为31.4～31.3m)，且长时间不能渗透，保持较高水位，高于勘察报告给定抗浮水位4～6m，使地下车库浮力增大，这是导致独立基础及底板破坏的直接原因，独立基础抬升开裂，混凝土柱剪断、钢筋扭曲变形。

独立基础及底板与防水板破坏，混凝土柱剪断、钢筋扭曲变形

其次，抗浮设计水位的确定是一个较为复杂的问题，应根据场地条件综合确定抗浮设防水位。

①《岩土工程勘察规范》4.1.13条规定：工程需要时，详细勘察应论证地基土和地下水在建筑施工和使用期间可能产生的变化及其对工程和环境的影响，提出防治方案、防水设计水位和抗浮设计水位的建议。对情况复杂的重要工程，使用期间水位变化和需提出抗浮设防水位时，应进行专门研究。

②《高层建筑岩土工程勘察规程》8.6.2条规定：当有长期水位观测资料时，抗浮设防水位可根据该层地下水实测最高水位和建筑物运营期间地下水的变化来确定；无长期观测资料或资料缺乏时，按勘察期间实测最高稳定水位并结合地形地貌、地下水补给、排泄条件等因素综合确定。

场地有承压水且与潜水有水力联系时，应实测承压水水位并考虑其对抗浮设防水位的影响。

只考虑施工期间的抗浮设防时，抗浮设防水位可按一个水文年的最高水位确定。

③《高层建筑岩土工程勘察规程》8.6.3 条规定：地下水赋存条件复杂、变化幅度大、区域性补给和排泄条件可能有较大改变或工程需要时，应进行专门论证，提供抗浮设防水位的咨询报告。

条文说明 8.6.3 条中解释称，考虑到某些地区地下水赋存条件复杂，补给和排泄条件在建筑使用期间可能发生较大改变，而地下水的抗浮设防水位是一个有如抗震设防一样的重要经济技术指标，较为复杂，故对于重要工程的抗浮设防水位应委托有资质的单位进行专门论证后提出。

④本工程《岩土工程勘察报告》给出的抗浮水位为绝对高程 24.5 m，而工程勘察期间地下水位绝对标高差异大( 17.80~24.92 m ),高低差7.12 m,地形地貌较为复杂，缺乏长期观测资料，地下水赋存条件不明，区域补给和排泄条件不明，且可预知此工程为在建设过程中以及建筑物使用期间将发生较大变化的工程场地，尤其后续的一段时间内发生了地下室结构破坏并加固的后果。因而认为，这与当时未按规范要求进行“专门研究”“专门论证”有很大关系。

再次，本工程的实际情况说明，《岩土工程勘察报告》给出的 24.5 m 的抗浮设防水位仅在施工过程中适用，而在后续的使用期中是不适用的。咨询当天的稳定水位为 29.1 m，也证明 24.5 m 作为抗浮设防水位在建筑物使用期间是不适用的。

最后，造成上述情况的很大原因，是在提出和确定 24.5 m 作为抗浮设防水位时，某个或多个责任主体没有按照规范要求进行“专门研究”或“专门论证”。而“专门研究”或“专门论证”往往有更多技术手段和参数提供支持，所提供的抗浮设防水位更为可靠。“专门研究”或“专门论证”是避免违反规范和降低工程风险、保证工程造价合理的必要步骤。

在这次专家咨询活动中，张振拴和其他专家一道，凭借扎实的基础理论和对技术规范的准确把握，消除了建设单位对技术问题的疑惑，也回答了建设单位关于质量责任主体等关切的问题。

**三、在工程建设标准编制中的作用**

张振拴主编和参编国家标准和地方标准数十项，参加审查的标准数十项。在标准的编制方面有较高的水平和能力，尤其在建筑基坑工程技术规程的编制方面更为突出。

随着经济的快速发展，城市高层建筑、地下建筑、隧道等工程大幅度增加，基坑工程越来越多，基坑深度越来越深，尤其是在市区繁华地段，建筑基坑与相邻建筑物的距离越来越近。为确保基坑在开挖和使用时周边既有建筑、道路、管线等地下设施的正常使用，确保基坑施工期间人员和财产的安全，需要对基坑采取必要的支护措施，严格控制基坑土体变形。由于河北省对基坑支护工程设计、施工、检测、监理、监督等没有一套统一的标准，2010 年至 2011 年期间，由河北省建筑科学院牵头，编制了河北省工程建设标准《建筑基坑工程技术规程》( DB 13(J) 133—2012 )。

编制过程中，张振拴本着认真负责的态度，查阅大量相关资料，编制详细的编制大纲，组织省内有经验的设计、施工、检测、监理等相关单位和个人为规程编制提供有价值的信息、资料。规程编制期间，张振拴共组织编委会先后在秦皇岛、张家口、石家庄召开全体参编成员编写大会，另外，还召开小范围的规范编制会议数次，前期形成规程稿 3 稿，后形成征求意见稿、送审稿、报批稿。审查专家给予该规程高度评价，肯定了编制组的工作：符合本省实际、具有地方特色、填补了河北工程建设标准的一项空白，总体上具有国内领先水平。

规程的成功编制与张振拴扎实的专业知识、丰富的工程经验以及超强的组织能力是分不开的。他在工作上思路开阔、把握正确方向，扎根河北 30 年，积极探索新技术、新方法，编制新标准，为省内岩土工程事业的发展做出了突出的贡献。

**四、在河北省土木建筑学会地基基础学术委员会中的贡献**

自 1990 年至 2018 年期间，张振拴历任河北省土木建筑学会地基基础学术委员会委员、秘书长、主任委员，在担任河北省土木建筑学会地基基础学术委员会主任委员的 18 年期间，每年都组织学术交流和讲座，为河北省的建筑地基基础学术交流、科技进步做出了突出的贡献。

河北省土木建筑学会地基基础学术年会

1. 历程

2005 年，经上级学会批准，土木建筑学会地基基础学术委员会挂靠在河北省建筑科学研究院，河北省建筑科学研究院教授级高工张振拴为主任委员。2005 年至 2018 年，张振拴同志任学会主任委员期间，主持学会的工作，积极发展新会员，将从事本专业工作、符合发展条件的工程技术人员吸收入会。2007 年、2008 年、2009 年经有关部门推荐，地基基础学术委员会分别增补委员 6 名、10 名和 23 名，为学会增添了新的活力。2011 年至 2017 年，每年学术年会参加会议的代表都有一百多名，代表来自勘察、设计、施工、检测、监督、科研教学等单位。其中 2012 年河北省地基基础学术年会与中国建筑学会地基基础分会学术年会同时在石家庄召开，参会代表达 200 多名。本次会议旨在展示和交流近年来全国在岩土工程勘察、土的基本性质、天然地基、桩基础、地基处理、基坑（边坡）支护、特殊土地基等地基基础领域理论与实践方面的最新研究成果、发展趋势及热点难点问题。本次会议投入工作人员近 40 人，会议注册代表 170 余名，参会代表 260 余名。本次会议收到论文 180 篇，最终有 101 篇文章入选会议论文集，分别以《岩土力学》增刊和《建筑科学》增刊形式发表，会议期间组织了优秀论文评选活动，评选产生了 10 篇优秀论文。河北代表的部分论文由《国防交通工程与技术》期刊发表，共计 40 篇。本次会议涉猎的内容比较丰富，学术氛围较浓。学术会议组织工作的顺利开展得益于以下几个方面：周密充分的准备工作，包括征文通知的广泛发布、严格的论文评审过程、参会专家的邀请、各种宣传交流等会议组织以及人员高度的责任心、工作人员对会议组织和交流的热心投入。

2012 年承办中国建筑学会地基基础分会学术年会

2. 开展的学术交流情况

2004 年至今，河北省土木建筑学会地基基础学会学术年会交流会举办了 14 届，每次会议邀请 5~6 位国内外知名专家、学者作专题讲座，专家的讲座题目新颖、内容丰富。其中，部分精彩专题摘录如下。

①中国工程院院士黄熙龄：《建筑地基基础设计原则》讲座。

②日本菱莆国际集团海外事业部董事青井石先生：《日本地下连续墙施工法（日本 TRD 工法）》。

③中国建筑科学研究院钱力航研究员：《关于地基基础概念设计的思考》《钢管桩的腐蚀与防腐》《关于地基基础稳定性问题的思考》《日本连接式钢管桩基坑

支护新技术》专题讲座。

④中国建筑科学研究院教授级高工韩素芬：《高强高性能混凝土工程研究与应用》。

⑤建设部科技发展司建筑节能中心处处长、高级工程师杨西伟：《我国主要建筑节能技术及其发展情况》专题学术报告。

⑥葛学礼研究员：《我国村镇建筑抗震能力现状与抗震减灾对策》。

⑦东南大学教授童小东：《桩基静载试验自平衡技术》。

⑧河北工业大学刘春原教授：《保定市区震害预测及辅助决策地理信息与交流》《美国夏威夷海底隧道岩土工程设计的安全控制》报告。

⑨河北建筑工程学院院长王海龙教授：《快速拼装结构的技术研究与应用推广》。

⑩河北科技大学土木学院院长杜守军博士、教授：《结构损伤检测诊断动力方法》。

⑪石家庄铁道大学孙铁成教授：《地下轨道交通在修建中的变形控制》。

另外，我省建设系统的工作者在会上进行学术交流，至今有百余项，交流内容涉及范围广泛，密切结合工程，涵盖施工生产、技术管理、发展方向等。其中张振拴曾在会上作有关夯实水泥土桩复合地基桩土应力传递规律有限元分析的报告。

学会年会前，都要征集论文几十篇，编辑成科技论文集，出版学术专刊，如《河北工业大学学报》《河北建设科技与勘察设计》《华北地震科学》增刊等。

3. 组织专业技术培训

为努力提高技术人员基础理论知识和专业技术水平，更好、更准确地理解规范、执行规范，从而有效保证建筑工程质量，组织开展岩土工程专业技术培训。

① 2004 年，前往秦皇岛参观了秦皇岛市东岗路穿越大秦铁路主干线大型桥箱涵顶进施工现场；与北京理正软件设计研究院在石家庄举办软件培训班；邀请《湿陷性黄土地区建筑规范》（GB 50025—2004）主编、教

主持《湿陷性黄土地区建筑规范》主编罗宇生先生讲座

授级高工罗宇生先生和《建筑基桩检测技术规范》（JGJ 106—2003）主编、教授级高工陈凡先生进行专题讲座。

② 2006 年，组织举办了“复合地基设计”培训班；同中国建筑科学研究院科技干部培训中心和《建筑桩基技术规范》编制管理组共同组织举办《建筑桩基技术规范》（JGJ 94-2006）修订内容研讨班。

③ 2007 年，与中国建筑科学研究院在石家庄市联合举办《高层建筑岩土工程勘察规程》（JGJ 72-2004）及《建筑工程勘察文件编制深度规定》在实际应用中的理解与常见问题的分析与处理研讨班。

④由省住房和城乡建设厅组织，由地基基础学术委员会主任委员张振拴作为第一主编，编辑了《河北省注册土木工程师（岩土）继续教育大纲》，作为全省注册土木工程师（岩土）继续教育教材；组织对我省从事岩土工程勘察、岩土工程设计、岩土工程治理、岩土工程监测、岩土工程检测工程技术人员进行基础理论知识和专业业务培训。

⑤ 2011 年，与中国建筑科学研究院联合举办国家标准《建筑地基基础设计规范》（GB 50007-2011）暨地基基础工程优化设计与施工处理宣贯培训班。

⑥ 2013 年，与河北省土木建筑学会建筑结构学术委员会在石家庄市联合举办了新版《建筑地基处理技术规范》（JGJ 79-2012）培训班。

⑦ 2014 年，与中国科学院武汉岩土力学研究所、石家庄市建设工程质量检测学会地基检测专业委员会、

武汉中岩科技有限公司等单位在石家庄市联合举办了一期“岩土工程治理技术及地基测试技术交流会”。

⑧ 2016 年组织了国际交流研讨会，澳大利亚卧龙岗大学工程与信息学院张铁岭博士作了建筑结构可靠性方面的研讨，我院相关业务部门技术人员参加会议并进行了学术交流。

在 2016 年的国际土木建筑学术研讨会上

另外，张振拴同志多次组织及参加全国性大型学术活动，了解全国在土木工程方面地基基础研究水平和进展，并学习相关新技术、新工艺、新成果，为我省开展工作打下良好的技术基础。

4. 开展工程技术咨询服务

学术委员会充分发挥学会技术优势，积极为我省经济建设出谋划策，为技术进步做出贡献。主要技术咨询项目包括基坑支护方案的论证、地基处理事故的咨询处理、地基处理、桩基工程的缺陷处理等。每年处理几十项此类工程，为地基工程基坑的质量保证和安全提供了技术论证。

技术咨询现场

**五、在河北省注册岩土师再教育培训学习中的作用**

张振拴参与了河北省注册岩土师再教育培训学习的讲座工作。我省开始实施注册土木工程师（岩土）执业以来，自 2009 年 8 月 26 日至 2018 年 1 月共举行 4 期 9 次再教育培训，参与培训 1 900 余人次，张振拴均参与了教材编写和讲座。编写选修课教材和课件。

①《河北省岩土工程勘察设计及实例》一部，约 356 千字，该教材主要包含了河北省岩土工程特点及工程地质分区，河北省岩土工程与地基基础工程建设标准及工程实例，岩土勘察常见及疑难问题、建筑基坑支护、建筑物沉降计算分析、上部结构等与地基设计的有关技术问题。

②基坑事故案例分析的教材课件，计 10 万余字。

③编写《地下开发技术与实践和深基坑降水与支护技术》教材课件，约 15 万字。

④编写《新桩型工程应用技术》教材课件，约 18 万字。

**六、科技创新**

从“向科学进军”到“科学技术是第一生产力”，从“科教兴国、人才强国”到“建设创新型国家”，体现了我国科技技术的发展与进步。我们现在的科学研究条件、科研政策、鼓励创新，比以往任何时候都要好。创新是引领发展的第一动力，是建设现代化经济体系的战略支撑；科技是核心战斗力。科技创新就是做前人没有做过的工作，是探究没有人探究过的科技领域，也是科技探索的一个新的起点。面对新时代、新征程、新使命，在身体允许的情况下，张振拴作为科技工作者，不忘初心，砥砺前行，志存高远，不断把我国的科学技术事业推向前进。

①张振拴在河北省岩土工程治理及特点研究中提出了河北省岩土工程治理以及建筑地基处理、桩基工程、基坑支护等为主的岩土工程治理方法。由于区域地质地

貌工程、工程地质条件的差异，在岩土工程治理方法上也有所不同。根据地形地貌、第四纪地层成因、工程地质条件，结合行政区域，我省被分为4个区。1区山区，岩土工程特性及治理方法类同；2区为冲积平原区，地基处理较为简单；3区为太行山东部平原区，工程地质条件好，建筑地基优良，建筑工程规模大；4区为河湖沉积与滨海平原区，地下水位浅，地基土为软弱地基，强度较低，地基处理较为复杂，难度大。工程分区为工程建设节省了大量的资金，创造了很好的社会效益。

②通过既有建筑地基土压密规律试验研究，提出了房屋在增层改造中，首先应对地基土做出评价，地基土在既有建筑物长期荷载作用下，压力固结作用及物理力学性质遵循着一定变化规律。增层前地基土的物理力学变化与既有建筑和其长期作用密切相关，地基土的重度、压缩模量有明显提高，而孔隙比、压缩系数、含水率明显降低。

③通过对基坑降水引起周围地面沉降的计算分析研究，提出了基坑降水按潜水稳定流模型计算降水影响半径、水位降深、附加应力、地面沉降。上、下层平均压缩模量随着降水点距离的增加而减少；水力坡度与降水距离无明显规律；附加应力随着降水点距离的增加而减少；上层与下层附加应力比较，上层明显高于下层附加应力值。沉降量随降水点距离增加而减少，降水点在影响最大处沉降量则最大，为明显影响地带。

④夯实水泥土桩复合地基技术是一种有一定压缩性的中等黏结强度的半刚性桩，是经过多年研究和开发的一种新型地基处理方法，它使用范围广，质量易控制，承载力提高幅度大等特点。多层建筑地基土承载力标准值多为80～130 kPa，经处理地基承载力可提高到150～200 kPa，高层建筑的地基土承载力一般在100～180 kPa，经水泥土桩处理后复合地基承载力可达200～300 kPa。特殊工程承载力可达400～500 kPa，夯实水泥土桩地基承载力提高幅度很大，一般可提高50%～100%。

夯实水泥土桩复合地基技术主要包括技术内容、技术指标设计，地基承载力要求，桩长、桩径、桩距及置换率，桩垂直度与桩体干密度，混合料配和设计要求，混合料含水率与压实系数，褥垫层及厚度等。适用范围为适用于处理地下水位以上的粉土、素填土、杂填土、黏性土等地基。处理深度不宜超过10 m。夯实水泥土典型工程应用，某住宅楼21层采用夯实水泥土复合地基，承载力从180 kPa提高到300 kPa，某科技城地基承载力从180 kPa提高到400 kPa。

夯实水泥土桩复合地基成套机械设备施工现场

夯实机的研制与水泥土桩质量的保证、夯实设备有密切关系。以前水泥桩施工，多采用人工夯实，后采用勘察机卷扬吊夯锤夯实，现发展为推式夹管式夯实和夹板自落式夯机、深孔夯实机（专利），夯实从人工夯锤到夯实机夯锤，其成桩质量明显提高，夯实效果得到有效保证。夯实机的发展也很快，现在施工的夯实水泥土桩地基处理工程全部采用夯实机夯实。夯锤重量也有很大改进，从原来的0.3 kN到2.0 kN或大于2.0 kN；夯击能从最初的0.27 kN · m，提高到1.8 kN · m；桩身密实程度、夯实系数大有提高。

自主研发的夯实水泥土桩夹板式夯实机及施工现场

经过多年研究与开发，“水泥土桩复合地基技术规程的编制”“夯实水泥土桩复合地基的沉降计算方法试验研究”“夯实水泥土桩复合地基试验研究及其数值模拟分析”“夯实水泥土桩复合地基可靠度分析”4项科研成果荣获河北省科技进步奖。同时，对“夯实水泥土桩在湿陷性黄土地区的应用研究”“夯实水泥土复合地基的优化设计研究”“夯实水泥土桩复合地基载荷试验曲线拟合方法的研究”等多项科研项目进行深入研究，均取得了可喜的科学研究成果。《夯实水泥土桩复合地基技术新近展》一书，约46万字，由中国建材工业出版社出版。

著作书影

张振拴还主持了《夯实水泥土桩复合地基技术规程》（DB 13(J) 14—98）、《水泥土桩复合地基技术规程》（DB 13(J) 39-2003）（DB 13(J)/T 39-2016）河北省工程建设标准三次修编工作。

根据夯实水泥土桩复合地基对原有面积置换率、桩长和基础厚度的改变，张振拴重新对沉降、反力、弯矩进行了计算，探讨了变刚度调平优化设计的方法，提出了：ⓐ上部结构影响的夯实水泥土桩复合地基变刚度调平优化设计，改变复合地基刚度设计的方法，逐渐降低指定区域的地基承载力特征值，达到减小沉降差、反力差和弯矩差效果；ⓑ采用改变面积置换率、桩长和基础厚度，同时考虑上部结构刚度的影响优化设计使基础的沉降和弯矩、地基反力趋于均匀；ⓒ夯实水泥土桩复合地基优化设计中，选取合理的地基承载力特征值及筏板厚度，并同时考虑上部结构刚度影响的基础优化设计，与工程实际相符；ⓓ该复合地基优化设计具有设计安全、操作简单、方便快捷的优点，具有可行性，与常规设计方法比较，达到了节省投资，便利施工目的。

⑤预应力管桩抗震性能试验研究。通过对管桩—土—上部结构模型在不同地震波作用下的试验，分析研究了管桩桩身产生的应力、应变、弯矩及位移沿桩身的分布、最大弯矩产生的位置、桩与承台的受力及破坏特征，得到了地震作用下管桩的反应规律及特征。抗震性能数值模拟分析显示：预应力混凝土管桩（PHC）的抗剪破坏滞后于弯曲破坏。高地震烈度地区管桩（PHC）混凝土标号小的管桩在同一地震波作用下，其加速度峰值放大系数、桩身位移、桩身弯矩都要比混凝土标号大的桩大，证明了高强预应力混凝土管桩的优越性。土体中桩体运动表现为剪切型特性，土体越软，桩体的水平相对位移越大。桩身通过淤泥、黏土等压缩模量较小的土体时，桩身位移会放大。经对预应力管桩抗震性能试验研究，出版了《预应力混泥土管桩的抗震性能及新进展》一书。通过振动模型相似模拟试验，得到以下结论。

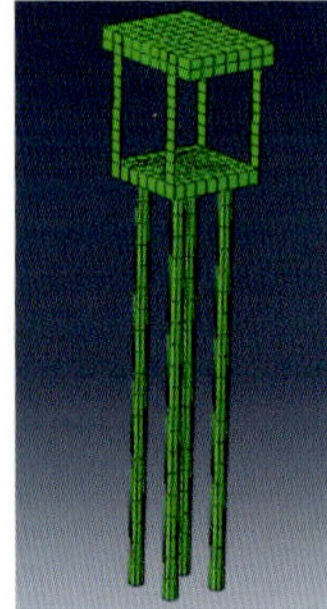

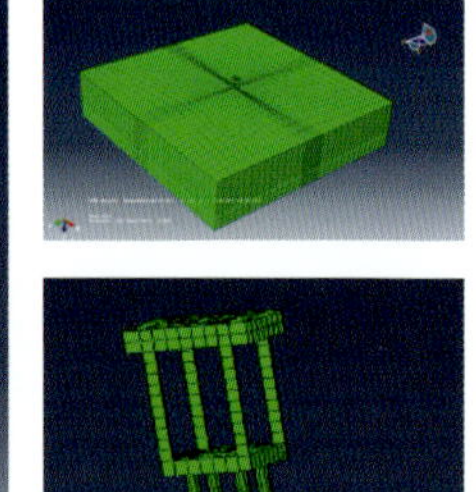

振动模型相似模拟试验图示

ⓐ在模型试验的各工况中，弯矩、轴力作用产生的应变变化规律沿桩身的分布基本相同，桩身弯矩最大值的产生位置为距离桩顶5~6倍桩径处，在距离桩顶约20倍桩径处的弯矩变化趋于平稳。

ⓑ当地震波和上部结构共振时在管桩内会产生很大的弯矩，通过正弦波试验可以看出，5 Hz、4 Hz 正弦波激振产生的弯矩比8 Hz 激振产生的弯矩大15倍左右。

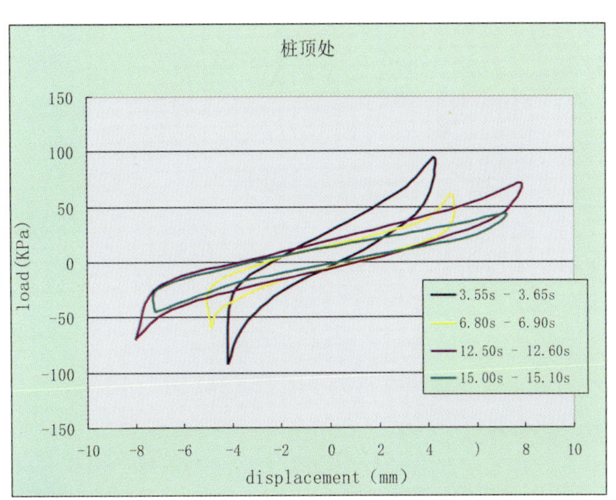


数值模拟分析结果显示桩上部 $P$-$Y$ 曲线滞回圈面积较小，呈现反 S 形或者 Z 形，反映出该上部结构的延性和地震吸收能量比较差，而桩下部 $P$-$Y$ 曲线滞回圈面积较大，呈现出梭形或者弓形，反映出该下部结构的延性和地震吸收能量比较强，具有很好的地震能量吸收能力和优越的抗震性能

ⓒ在 El-centro 波、LWD 波和正弦波工况下，桩上部结构体系的加速度反应在高度上呈现“K”形分布，各测点的加速度峰值放大系数均大于 1；土表测点的加速度峰值放大系数最大，土体中底层测点的放大系数均趋近于 1。

ⓓ El-centro 波、LWD 波和正弦波工况下，在距离桩顶 56 倍桩径处桩身水平位移最小，桩顶水平位移最大，加速度为 0.2 $g$ 时，El-centro 波和 LWD 波工况下桩顶（相对土）最大水平位移分别为 0.501 mm 和 0.827 mm。

⑥既有建筑地基基础检测技术。随着城市建设用地的紧张，增层改造工程和扩大产能工程越来越多，需检测地基基础的适宜性；意外事件或自然灾害的发生以及既有建筑周围环境变化等检测鉴定工程，需检测地基基础的损害程度；既有建筑的平移保护工程日渐增多，检测地基基础的承受能力等的检测技术需要开发研究。既有建筑地基基础检测技术方法应具有技术先进、经济合理、科学准确、安全适用等特点；能指导既有建筑地基基础检测工作；为既有建筑地基基础的安全性评价和加固改造提供准确可靠的技术资料。这些技术有利于科学

既有建筑移位应查明地基土的类型、分布及承载力

制定措施，排除隐患，延长建筑寿命；有利于减少浪费、降低风险，可用于古建筑的保护、建筑工程质量事故责任认定等。

该项技术的开发与利用需要从室内勘察技术，既有建筑地基、桩基检测中静载荷试验反力方法提供，桩身完整性的检测技术，环境影响检测技术，既有建筑的监测技术等方向入手，解决既有建筑地基基础载荷试验技术、原位取样技术、剪切波速测试技术、探地雷达测试技术、低应变动力测试技术、沉降观测技术等方面关键技术，实践证明这些测试技术有很好的适用性和可靠性。

既有建筑地基深层静载荷试验反力的提供方法

既有建筑地基浅层静载荷试验反力的方法提供与技术保证

张振拴提出了：ⓐ在基础下应用载荷试验技术对地基承载力进行测试的方法准确可靠，原位取样技术获得数据真实有效，技术成熟；ⓑ剪切波速技术可应用于既有建筑场地土的测试，拟合了适用于粉土强夯地基的剪切波速和标贯击数的关系式；ⓒ探地雷达测试技术可以较准确地确定基桩的位置和埋置深度；ⓓ低应变反射波法测桩的完整性技术，在洞内锤击的激振方式，可以采集到典型的动测曲线，具有较好的适用性；ⓔ通过沉降观测技术对增层过程中地基的沉降变化规律进行了研究，在既有建筑增载及使用中对建筑物进行沉降观测，是验证地基基础是否处于安全状态的一种行之有效的方法。

经过几年间对既有建筑物地基基础检测技术开发

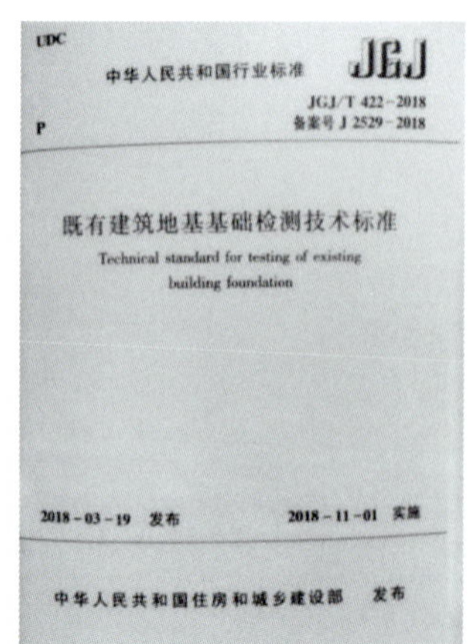
UDC
中华人民共和国行业标准 JGJ
JGJ/T 422-2018
备案号 J 2529-2018
P
既有建筑地基基础检测技术标准
Technical standard for testing of existing building foundation
2018-03-19 发布 2018-11-01 实施
中华人民共和国住房和城乡建设部 发布

《既有建筑地基基础检测技术标准》书影

与应用，张振拴组织编制出版了中华人民共和国行业标准《既有建筑地基基础检测技术标准》（JGJ/T 422-2018），中国建筑工业出版社，2018年11月1日起实施。

**八、完成的科研课题与获奖**

①桩体夯实机的研制，1995年，河北省建设科技成果省级登记号：CG95002；获河北省建设厅科技进步二等奖，第9完成人。

②既有建筑物增层时地基压密规律与承载力研究，1996年，河北省建设科技成果省级登记号：CG96005；获河北省建设厅科技进步一等奖，第3完成人。

③夯实水泥土桩复合地基规程，1998年，河北省科技成果省级登记号：980224，获河北省建设厅科技进步一等奖，第1完成人。

④外旋管内螺旋成桩技术的研究，1999年，河北省科技成果省级登记号：20000167；获河北省科技进步三等奖，第7完成人。

⑤螺旋钻孔压灌混凝土成桩技术的研究，2000年，河北省科技成果省级登记号：20000769；获河北省建设厅科技进步一等奖、河北省科技进步三等奖，第7完成人。

⑥变径灌注桩成桩技术的研究，2003年，河北省科技成果省级登记号：20030375；获河北省建设厅科技进步一等奖，第6完成人。

⑦建筑垃圾的处理及再生利用研究，2003年，河北省科技成果省级登记号：20030732；获河北省建设厅科技进步一等奖，第3完成人。

⑧夯实水泥土桩复合地基规程编制，2004年，河北省科技成果省级登记号：20040052；获河北省建设厅科技进步一等奖、河北省科技进步三等奖，第1完成人。

⑨夯实水泥土桩复合地基沉降计算方法试验研究，2004年，河北省科技成果省级登记号：20040053；获河北省科技进步三等奖，第7完成人。

⑩组合拉锚内支撑静载试验技术，2005年，河北省科技成果省级登记号：20050213；获河北省建设厅科技进步一等奖，第6完成人。

⑪基坑降水对周围建筑物的影响研究，2005年，河北省科技成果省级登记号：20051091；获河北省建设厅科技进步二等奖，第2完成人。

⑫夯实水泥土桩复合地基可靠度分析，2006年，河北省科技成果省级登记号：CG06002；获河北省建设厅科技进步一等奖、获河北省科技进步三等奖，第1完成人。

⑬夯实水泥土桩复合地基载荷试验曲线拟合方法的研究，2006年，河北省科技成果省级登记号：20060300；获河北省建设厅科技进步二等奖，第6完成人。

⑭编制《河北省抗震防灾图集—城乡建设篇》，2006年，河北省科技成果省级登记号：20060301；获河北省建设厅科技进步一等奖，第3完成人。

⑮夯实水泥土桩复合地基理论与优化设计的研究，2010年，河北省科技成果省级登记号：20100553；第1完成人；其成果之一《夯实水泥土桩复合地基技术新进展》科技图书，2008年获河北省建设厅科技进步二等奖，第1作者。

⑯预应力管桩的抗震试验研究，2011年，河北省科技成果省级登记号：20113226；第1完成人。高地震烈度区预应力管桩（PHC）抗震风险评定的关键技术技术，2013年，河北省科技成果省级登记号：20130200；获河北省科技进步三等奖，第2完成人。预应力管桩的抗震性能及新进展，获建华工程奖一等奖，第1完成人。

⑰既有建筑地基基础检测与评定技术的研究，2011年，河北省科技成果省级登记号：201106008；2011年，“十一五”国家科技支撑计划子课题项目，获河北省科技进步三等奖，第1完成人。

⑱古建筑无损检测技术的试验研究，2011年，河北省科技成果省级登记号：20110473；获河北省科技进步三等奖，第9完成人。山海关关城及东罗城6 km城墙修复工程综合检测、稳定分析评估工程，获河北省优秀工程勘察设计一等奖，第6完成人。

⑲软弱土地区高强预应力混凝土管桩静压施工工法，2012年，河北省建设科技成果省级登记号：工法CG12063；第4完成人。

⑳《建筑工程技术实践与进展》科技图书，2005年6月获河北省建设厅科技进步一等奖，第2作者。

㉑高层建筑复合地基基础共同作用的原位测试研究，2007年获河北省建设厅科技进步一等奖、河北省科技进步三等奖，第8完成人。

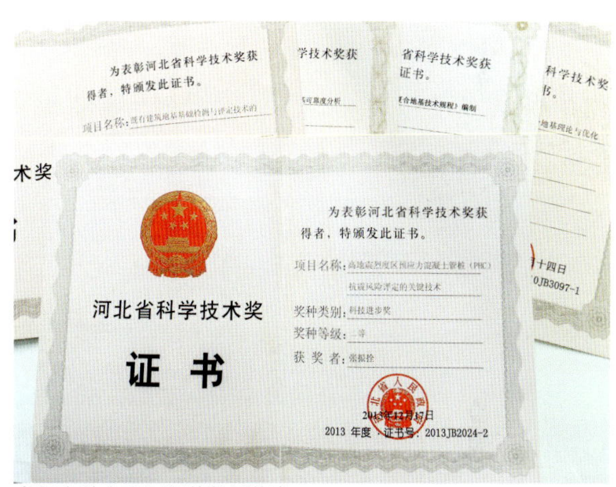

多年来数十项工程获各级奖章

**九、获得专利情况**

①振动螺旋挤压成桩机具，实用新型，1994年1月2日，第5发明人。

②自落式夯实机，实用新型，1994年10月23日，第4发明人。

③多功能成桩机，实用新型，专利号:ZL.98 2 41264.9，1999年10月16日，第4发明人。

④成桩机，发明专利，专利号：ZL.98 1 20410.4;国际专利国际专利主分类号E020 7/22,2002年8月28日，第4发明人。

⑤外旋管内螺旋成桩机，实用新型，专利号:ZL.2007 2 0101305.7，2008年3月5日，第5发明人。

⑥组合拉锚内支撑静载试验装置，实用新型，专利号:ZL.2007 2 0101359.3，2008年3月5日，第7发明人。

⑦标准贯入锤击装置，实用新型ZL.2016 2 0017309.6;2016年01月08日。

**十、出版的论文、著作**

①张振拴 . 滹沱河近代砂土地基评价初探 [J]. 石家庄 : 河北地质学院学报 ,1993，16(4):367 ~ 372.

②张振拴 , 刘彦卿 . 泥石流沉积物粒度图象特征 [J]. 石家庄 : 河北地质学院学报 ,1992，15(1):41 ~ 50.

③王占雷 , 张振拴 , 杨志红 . 干振挤密碎石桩与石灰桩综合处理填土地基 [M].// 首届全国岩土力学与工程青年工作者学术讨论会论文集 . 杭州 : 浙江大学出版社 ,1992:520 ~ 523.

④张修明 , 张振拴 . 某高层建筑深基坑护壁结构倒塌概况及原因分析 [M].// 深基坑工程设计施工手册 . 北京 : 中国建筑工业出版社 ,1998:594 ~ 598.

⑤张振拴 , 刘亚民 . 地基基础工程论文集 [J]. 河北地质学院学报 ,1996，19.（增刊）1 ~ 105.

⑥张振拴 , 梁军 . 河北地基基础工程施工方法及其发展 [J]. 河北地质学院学报 ,1996，19（增刊）:1 ~ 11.

⑦梁军 , 张振拴 , 张修明 . 建筑物检测分析与加固处理 [M]. 北京 : 中国建材工业出版社 ,2001:1 ~ 203.

⑧张振拴 , 安进英，王占雷 . 石家庄市区黄土状土特征及地基处理 [M].// 湿陷性黄土研究与工程 . 北京 : 中国建筑工业出版社 ,2001:209 ~ 213.

⑨王维玉 , 张振拴 . 建筑地基基础实践与研究 [J]. 石家庄经济学院学报 ,2001，241 ~ 164.

⑩顾晓鲁 , 张振拴 , 郑刚 . 岩土工程技术及进展 [M]. 北京 : 中国建筑工业出版社 ,2002.

⑪张振拴 . 夯实水泥土桩施工监理 [M].// 简明岩土工程监理手册 . 北京 : 中国建筑工业出版社 ,2003:103 ~ 110.

⑫强万明 , 张振拴 , 刘亚庄 . 建筑工程技术实践与进展 . 石家庄 : 河北科学技术出版社 ,2004.

⑬张振拴 , 刘春原 , 邓瑜，刘亚庄 . 夯实水泥土桩复合地基桩土应力传递规律有限元分析 [J]. 华北地震科学 ,2007:33 ~ 36；

⑭ ZHENSHUAN ZHANG,CHUNYUAN LIU,YU DENG AND SHIFENG FU.Finite element analysis of pile-soil stress transmission law of composite foundation with rammed soil-cement pile.New Frontiersin Chinese and Japanese Geotechni-ques.2007.

⑮张振拴 , 王占雷，杨志江，等 . 夯实水泥土桩复合地基技术新近展 [M]. 北京 : 中国建材工业出版社 ,2007.

⑯张振拴 . 夯实水泥土桩复合地基变形特性的试验研究 [M].// 地基基础工程技术实践与发展 . 知识产权出版社 ,2008:117—120.

⑰强万明，赵士永，张振拴，边智慧 . 建筑物整体移位技术研究与工程实践 [M]. 河北科学技术出版社 .2009:189.

⑱ ZHENSHUAN ZHANG, ZHANQIANG LI, SHILIAN ZHANG, WEI ZHANG.The law of rammed cement-soil pile composite foundation stress field and numerical model.Recent developments of geotechni engineering proceedings of the fourth Japan-China geotechnical symposium.okinawa Japan, 2010(4):483-486.

⑲ ZHENSHUAN ZHANG, YU DENG.Numerical analyses of the ground subsidence caused by foundation pit dewatering[M].//Civil engineering in China-Current practice and reseach report 2010 international conference on civil Engineering,2010:523-527.

⑳夯实水泥土桩复合地基变刚度调平设计研究 [J]. 华北地震科学 .2010,28(8):1-4.

㉑ ZHENSHUAN ZHANG,YU DENG，WEI ZHANG,DESHENG JU.Optimum design study on Leveling variable stiffness of composite foundation with rammed soil-cement pile .Advanced Materials Vols.168-170(2011):2631-2653.

㉒张振栓，李春占，张宗会 . 既有建筑物地基基础检测技术探 [J]. 建筑科学 .2011,27(6):98-100.

㉓张振栓，崔峰，刘波，等．既有建筑物地基基础检测与评定技术的研究 [J]. 建筑科学 .2011,27(6):163-166.

㉔ ZHENSHUAN ZHANG, YU DENG,SHIFENG FU.Research on the technology of testing and evaluation of the exisiting buiding foundations.Selected,peer reviwed papers from the Second International Conference on Frontiers of Manufacturing and Design Science (ICFMD2011),December 11-13,Taiwan.pp1832-1836.

㉕ ZhANG Zhenshuan ZHANG Wei ZHANG Tao Technicai Features and Design Principles of Prestressed Concrete Pipe piles.Proceedings of the 2nd Internationgal Conference on Civil Engineering(ICCEHB)16-18 Dec.2011,Shijiazhuang China.pp340-343.（EI 检索）

㉖张振拴，杨树标，张涛，等．预应力管桩抗震性能试验研究 [J]. 岩土力学 .2012,33:79-84.

㉗张振拴．基坑降水引起周围建筑物裂缝的原因分析 [J]. 工程质量 .2012,30:127-130.

㉘刘春原，张振拴，母焕胜．预应力混凝土管桩的抗震性能及新进展 [M]. 北京：人民交通出版社 ,2013.

### 十一、 主编及参编的标准

1. 河北省标准

① DB13(J)39-2003. 水泥土桩复合地基技术规程 [S]. 北京：中国建材工业出版社，2003.

河北省住房和建设厅 2003-06-01(2016-07-01 修编）实施。

② DB13(J)38-2003:1 ~ 30. 变径混凝土灌注桩技术规程 [S].2003.

河北省建设厅 2003-06-01 实施。

③ DBI3(J)48-2005. 河北省建筑地基承载力技术规程 [S].2005.

河北省建设厅 2005-05-01 实施。

④ DBI3(J)71-2007. 静载试验组合拉锚内支撑技术规程 [S].2008.

河北省建设厅 2008-02-01 实施。

⑤ DB13(J)/T105-2010. 预应力混凝土管桩基础技术规程 [S]. 北京：中国建材工业出版社 ,2010.

河北省住房和建设厅 2010-04-01（2018-02-21 修编）实施。

⑥ DB13(J)118-2011. 建筑物整体移位技术规程 [S]. 北京：中国建材工业出版社，2011.

河北省住房和建设厅 2011-06-01 实施。

⑦ DB13(J)133-2012. 建筑基坑工程技术规程 [S]. 北京：中国建材工业出版社 ,2012.

河北省住房和建设厅 2012-06-01 实施。

⑧ DB13(J)134-2012. 沿海地区造地土地整理工程施工质量检测技术标准 [S]. 北京：中国建材工业出版社 ,2012.

河北省住房和建设厅 2012-06-01 实施。

⑨ DB13(J)151-2013. 碳纤维布加固低强度混凝土结构技术规程 [S]. 北京：中国建材工业出版社 , 2013.

河北省住房和建设厅 2013-10-01 实施。

⑩ DB13(J)148-201. 建筑地基基础检测技术规程 [S]. 北京：中国建材工业出版社 , 2013.

河北省住房和建设厅 2013-04-01 实施。

⑪ DBI3(J)/T166-2014. 倒锥台阶型桩复合地基设计规程 [S]. 北京：中国建材工业出版社 , 2015.

河北省住房和建设厅 2015-08-01 实施。

⑫ DB13(J)/T189-2015. 既有建筑地基基础检测技术规程 [S]. 北京：中国建材工业出版社 , 2015.

河北省住房和建设厅 2015.08.01 实施。

⑬ DB13(J)/T203-2016. 预应力混凝土竹节桩技术规程 [S]. 北京：中国建材工业出版社 , 2016.

河北省住房和建设厅 2016-05-01 实施。

⑭ DBJT02-102-2015. 机械连接先张法预应力混凝土竹节桩图集 [S] .

河北省住房和建设厅 2015-10-22 实施。

⑮ DB13(J)/T245-2017. 建筑基桩施工技术规程 [S]. 北京：中国建材工业出版社，2017.

河北省住房和建设厅 2017-12-01 实施。

2. 国家标准

① GB 50669-2011. 钢筋混凝土筒仓施工与质量验收规范 [S]. 北京：中国建筑工业出版社，2011.

自 2011 年 5 月 1 日起实施。

② JGJ 130-2011. 建筑施工扣件式钢管脚手架安全技术规范 [S]. 北京：中国建筑工业出版社，2011.

自 2011 年 12 月 01 日起实施。

③ T/CECS497-2017. 既有建筑鉴定与改造技术规程 [S].

自 2018 年 4 月 1 日起施行，由中国建筑科学研究院和北京市房屋安全管理事务中心等单位编制，中国工程建设标准化协会发布。

④岩溶地区地建筑基基础技术规范，待发布。

⑤ JGJ 348-2014. 建筑施工现场标志设置技术规范 [S]. 北京：中国建筑工业出版社，2015.

自 2015 年 05 月 01 日起实施。

⑥ JGJ/T 404-2018. 既有建筑地基可靠性鉴定标准 [S].

⑦ JGJ/T 405-2017. 预应力混凝土异性预制桩技术规程 [S]. 北京：中国建筑工业出版社，2017.

自 2017 年 09 月 01 日起实施。

⑧ JGJ/T 406-2017. 预应力混凝土管桩技术标准 [S]. 北京：中国建筑工业出版社，2018.

自 2018 年 02 月 01 日起实施。

⑨桩基地热能利用技术标准（JGJ/T 438-2018）[S]. 北京：中国建筑工业出版社，2018.

自 2018 年 7 月 1 日起实施。

⑩ JGJ/T 422-2018. 既有建筑地基基础检测技术标准 [S]. 北京：中国建筑工业出版社，2018.

自2018年11月01日起实施，参加审查国家标准5部。

## 老骥伏枥，扎根燕赵大地

### （一）为人师表 温文尔雅

初见张总的时候，你会觉得这就是一名大学教授。张总见到谁，都会点头微笑，毫无架子可言，每一个新来建研院的毕业生都对张总的这一点印象深刻。张总说话声音不高，但声音中透着真诚和谦和，每个人都愿意聆听。张总喜欢穿白衬衫，喜欢穿夹克或西装，浑身透着一种学者的风范，儒雅的气质。张总喜欢为年轻人着想，在学术上从来不吝啬指教，对年轻人总是夸奖，充满关怀。年轻人喜欢和张总在一起，因为张总喜欢从年轻人的角度去看待问题，尊重年轻人的想法，这样的前辈，这样的老师，又怎会不受人爱戴呢？可以说，每一个建研院的年轻人，尤其是搞岩土工作的，在学识上都受过张总的教诲和帮助。

张总喜欢结交朋友，走到哪里，都会有很多老朋友热情招待。而一旦和张总见过面，又会成为他的新朋友。都说“酒品见人品”，这句话在张总这里绝对是正确的。搞岩土的，难免会“荒郊野外”“风餐露宿”，如果一个岩土人，不能喝上几口，总是觉得这个人不够实在，不够真实。和张总在一起，他会顾及我们这些晚辈的感受，张总都是主动敬我们这些年轻人，从来不强迫你多喝酒，酒品可以说非常好。

张总从来不忘培养年轻人，给年轻人机会。张总很愿意让院里的一些年轻人“出头露面”，愿意让他们和学术专家们交流，让年轻人快速成长。他为建研院培养了人才，也为河北省，乃至国家的岩土界培养后续力量做出了很大的贡献。当然，这些都是潜移默化、细雨润无声的，不过每一个建研的年轻人能够扎根岩土这片“沃土”，都和张总有着很大的关系。

### （二）言行一致 知行合一

张总从来都是说到做到，把对别人的承诺当成自己的事来办，而且他对自身的要求非常高。还记得那时候在体育大街旧办公楼的时候，总会看见建研院家属院内走出两位老人，他们一起散步，那就是张总和他的爱人。能够和自己的爱人做到相濡以沫，携手共进的人，是值得我们学习的。生活是无法掩饰和欺骗的，我们可以从生活中的点点滴滴去看一个人，去了解、品味一个人。而我们看见的生活中的张总与工作中的他，如此吻合，如此一致，没有半点违和感。

张总是一名老共产党员，他无时无刻不按照党员的标准约束自己，随时随地承担着自己的社会责任。就在 2018 年 4 月 17 日，张总还受河北省住房和城乡建设厅驻阜平县顾家台村精准扶贫工作组邀请，率队赴顾家台村，研究解决入村道路旁山体滑坡隐患问题。顾家台村位于太行山深处、阜平县西部，是省住房和城乡建设厅 3 个精准扶贫驻村工作组驻扎地之一。经过多年扶贫建设，顾家台村的面貌已经焕然一新，但仍有个别难题尚未解决。其中，村北侧入村道路旁有长约 300 m、高近 10 m 的松散、裸露山体，每遇降水就会出现山体滑坡、落石，对路上过往的村民、车辆造成很大安全隐患。张总一行 4 人抵达顾家台村后，不顾旅途劳累，直接投入到紧张的勘察测绘工作中。勘察队与驻村工作组一起边勘测、边研究、边讨论，现场提出各段山体的总体加固思路，力争尽快将道路安全隐患彻底消除。

**（三）学术权威 老骥伏枥**

张总做过的工程可以说数不胜数，搞过的科研项目也是不胜枚举。我们都知道，河北的地质环境很多样化：西北部有张北草原，海拔很高；西部是太行山区；中部、南部为平原地区；东部为滨海地区；北部又是燕山山脉。这样复杂的地质环境，自然会造成地质工程的多样性。普通的岩土工作者只会将自己的眼光局限在自己那一亩三分地，可是对于一个岩土界的大师，他考虑的往往是更深层次的东西。张总就是最早提出河北省地基承载力四个分区的人，正是这个宏观的把控，才使岩土届的后辈们不再盲目地去搞岩土工程，而是变得有的放矢。同样，有了这个宏观的分区，也为工程实施节省了大量的资金，创造了更多的社会效益。

张总在担任建研院地基所所长的时候，主抓了夯实水泥土桩的研究工作。那时候的人都比较守旧，说起夯实水泥土桩简直就是天方夜谭。很多人都不理解，更何况要把它运用到工程当中去。张总就是在这样的社会环境当中，硬是将夯实水泥土桩在河北推广出去，为河北的发展建设节省了大量资金，为岩土界的发展贡献了坚实的力量。

河北工程界都知道，河北省建筑科学研究院处理的都是工程中较为复杂的工程，可以说能在建研院当总工，要有扎实的学术功底，又要有前瞻的科技眼光。不懂得技术的革新，不去触碰一些“硬骨头”是成就不了一番事业的。张总解决的工程问题基本上都是一些很棘手的岩土问题。像大直径桩的复合地基的设计、载体桩在河北的推广使用、高地震烈度区域管桩的应用等，这些都是常人不敢触碰的，张总却让这些先进的岩土技术在河北迅速得到应用，为河北的发展助力。

现场查看处理较为复杂的工程难题

大部分的人，可能退休后就会彻底告别原来的圈子，去安度自己的晚年生活去了。可是张总还是继续关注着岩土界，继续为建研院的发展操着心。既有建筑的地基检测一直以来都是岩土界亟待解决的问题，因为既有建筑的地基的复杂性、多变性、可操作性差等诸多因素，很少有人会在这上面花更多的精力和心思，而恰恰就是这个令无数专业人士头疼的既有建筑地基检测地方规范，却是在张总退休后主抓完成的。现在张总正在主持进行着既有建筑地基检测的国家规范的编制工作，可谓是“老骥伏枥，志在千里”。

（刘洪供稿）

# 宋泽华

1965年出1月生，汉族，中共党员，河北省丰润县人，1986年7月毕业于河北地质学院水工系，2009年5月获得河北联合大学矿业工程硕士学位，2004年11月任正高级工程师，注册土木工程师（岩土），2009年12月被河北省人民政府授予第一批“河北省勘察设计大师”称号。

**社会任职**

现任唐山市规划建筑设计研究院党委副书记、副院长兼勘察总工程师，唐山市勘察设计协会秘书长，河北地质大学资源与环境学院兼职教授，华北联合大学矿业工程学院兼职教授。曾任唐山市建筑设计院团委书记、勘察处副处长、岩土处长、唐山市规划建筑设计研究院副总工程师等职务。

1999年以来，分别兼任《河北勘察》《粉煤灰综合利用》《河北建筑技术与科技》杂志社编辑委员，华北理工大学及河北地质大学客座教授和研究生导师、中国土木工程学会土力学与基础工程学会桩基学术委员会委员、河北省勘察设计协会勘察分会常委、河北省土木建筑工程学会勘察委员会常委、河北省土木建筑工程学会地基基础委员会常委、河北省建筑抗震审查专家委员会专家委员、河北省超限高层抗震设防审查专家委员会专家委员、河北省施工图审查督查专家委员会专家委员、省建设厅专家库入库专家、河北省住建厅危险性较大工程入库专家、河北省拔尖人才专家库入库专家、河北省政府采购评审专家库入库专家、河北省国土资源局地质危险性评估专家库入库专家等社团工作。

**主持工程情况及荣誉**

宋泽华同志带领单位和社会技术团队，紧紧追随国家经济建设迅猛发展浪潮，坚持职业操守，躬身潜行于岩土工程专业工作，基础理论扎实，实践经验丰富，善于创新，素质过硬，长期服务于矿山环境治理、地质灾害治理、工程抗震、市政与公路、工业与民用建筑、化工与钢铁、港口与水利工程、煤炭工程、防灾减灾与抢险等行业建设项目，在行业内解决了大量的复杂岩土工程勘察设计施工和大型建设项目难题，在岩土工程领域积创新极，大力推广和研发岩土工程新技术，工作足迹遍布全国。经历并参与了唐山大地震震后唐山市大规模恢复建设，主持了1 200余项各种类型的工业与民用建设项目的勘察设计技术服务，涵盖了地基勘察与岩土设计、工程抗震加固、地质灾害治理、矿山环境恢复、采空区和岩溶塌陷治理、道路与市政工程等领域。例如潘家峪及井陉等革命教育基地建设、大南湖采空区生态园区建设、唐山四大工业区建设、四川平武县抗震救灾援建、新疆且末县和西藏阿里日土县等边疆对口支援建设、迁安市海绵城市、唐山市综合管廊建设等重要项目。工作32年来，先后获市建委三等功1次，优秀党务工作者5次，先进生产工作者3次，获国家优秀勘察设计银奖1项，国家优质工程银奖1项，国家优质工程奖突出贡献者1次，省部级优秀勘察设计奖12项，市级优秀勘察设计奖20余项，发明专利2项，软件著作权1项，参加编制国家和行业标准2项，地方标准7项，各级刊物发表典型专业论文20余篇。

**单位评价**

该同志在单位任职期间，坚持职业操守，躬身岩土工程专业技术工作，素质过硬，在行业内解决了大量的复杂岩土工程勘察设计施工和大型建设项目难题，参与了抗震救灾援建与边疆建设对口支援工作，积极和推广研发岩土工程新技术应用，从业30余年为岩土工程事业的持续发展做出了突出的贡献。该同志政治意识强，专业追求执着，工作勤恳务实，团队和服务精神优秀，善于创新和推广新技术，解决疑难问题能力强。是河北省岩土工程行业重要的学术带头人之一。

宋泽华 ○

# 书中得来终觉浅，深知此事要躬行

## 一名来自唐山的地球工匠自传

【引子】一直以来，我很庆幸和自豪出生于燕赵大地的渤海之滨。唐山市的历史可追溯于45 000年前爪村文化遗址，而孟家泉人的发现至今约17 000年，从旧石器时代的出土文物，到商周时代孤竹国的青铜、平陶，秦汉时代的冶铁、煮盐、水利、农耕，盛唐之后以及明清的煤炭、水泥、铁路、钢铁、纺织业的兴起，伴随着中华人民共和国成立后的百业俱兴与蓬勃发展，唐山逐渐发展成为历史悠久的近代百年工业城市，我少年时期就在这里长大，然而后来的大事件却决定了我一生的从业方向。

唐山——中国近代工业的重要发祥地

【工作起点】做为河北省的现代岩土工程工作者之一，我很特殊地经历了1976年人类历史上最惨烈的地震之一唐山大地震。每次站在耸立在唐山市中心广场正中的人民抗震纪念碑下，沉思地震给人类带来的难以抗拒的刻骨之痛，我都会反思我们作为岩土工程匠人的那份责任！

那时，12岁的我还是个懵懂少年，炎热闷湿的夏夜，突如其来天崩地裂般的大地震撼，瞬间把40多万人的城市夷为平地，爬出废墟的我目睹千疮百孔的家园，心里只是盛满了痛，留下的是那些此生不会消失的心灵印记！

耸立在唐山市中心广场人民抗震纪念碑

当后来我给来唐考察的国内同行介绍唐山大地震地震遗址，以及24万地震罹难者的纪念墙的时候，我为当初选择了工程地质的抉择而无憾。在这个城市中生活、学习和工作，耳濡目染了前辈的辛勤劳动和丰功伟绩。我从少年时期就由衷羡慕那些木、铁、陶、盐、电、纺、农耕、水利行业劳动者的技艺和智慧，这源于对大艺工匠的敬仰和记忆中抹之不去对地震的敬畏。1982年7月高考填报志愿时，我毫不犹豫地选择了河北地质学院（现名河北地质大学）水文地质和工程地质专业。

1986 年 5 月毕业设计时，我参加了湖北襄樊市波音 737 起降标准的飞机场的工程勘察和治理设计工作，第一次参与了勘察设计生产，实践了工程钻探、现场渗水试验、静力触探、十字板剪切、旁压试验、地裂缝实测、冲击动力地基测试、微波塔高精度地基测试、洪水设防调研分析、岸边工程设计等具体的工程勘察内容，开启了从事工程地质勘察工作的人生起点。

1990 年的湖北省襄樊飞机场一隅

【愿做行业工匠】改革开放 40 年，我一直在岩土工程行业勘察设计工作岗位学习和工作了 30 年，没有更换工作单位，没有更换专业。国家经济建设的飞速发展和各行各业带来的新技术挑战，给岩土工程行业工作者带来了春天，我们岩土人迎来了最好机遇。40 年来，传统的勘察技术得到了广泛应用，勘察技术人员水平得到了大幅度提升，岩土工程创新技术、创新工法不断涌现，行业技术标准快速得到提升，岩土工程勘察设计服务对象不断拓展，行业发展欣欣向荣。

建设项目从平原拓展到山地，从内陆延伸到海滨，特点是“沟壑修平，危地固稳，软地调强，硬岩洞穿”。岩土工程工作者面对的工作对象涵盖了城市、乡村、工业、农业、水利、航务、航天、军工、矿山、铁路、交通、环境、生态、海洋等领域。岩土工程关联学科内容是地球表层的地貌和岩、土、水、气、热，而地学的外延是远到太空星系形成，中到地球本体起源与 45 亿年的演变，近到地球上的自然形成与地理气。基本任务是服务工程建设项目，是维护好人民赖以生存的生态环境，守护好祖国的绿水青山。

岩土匠人 快乐工作在地球的一隅

地质工作者工作在大山大水大自然，看的是风来云去雨雪聚散。快乐挥洒青春汗水的岩土人，每个人都是执着、勤奋、光荣的地球工匠。

【躬行补拙小有成】我于 1986 年 7 月毕业开始从事岩土工程勘察设计工作，当时正值唐山市震后十年灾后重建高峰期，经历了 20 世纪以来我国最强烈地震并曾经从废墟中爬出的我和众多的建设者们一起投入到了热火朝天的建设工作中。接之而来的是 40 年的改革开放和经济建设大发展历程，省内众多的岩土同行们在本岗都取得了瞩目的进步，做出了突出贡献，技术业绩和建设成就硕果累累。相比之下，我还是愧于把自己的工作成果归纳为成绩，只能是躬行潜行不懈怠，勤劳补拙小有成。借此归纳一下实践案例心得与大家交流，算是供岩土工程专业沙龙里的小酌小品吧！

## 典型工程案例

### （一）静力触探深度挑战和经验公式案例

1992—1993 年，国家投资建设京九线铁路，原河北省建设勘察院承接衡水火车站工程勘察任务，要求深度 75~80 m 双桥测试数据。时下国内最大型号静力触探

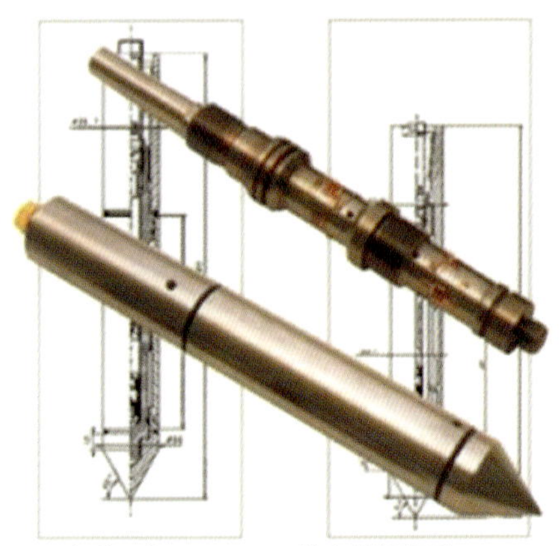

90 年代双桥 15-2.3.4 静力触探探头

车为 ZZYY-20A 型，其中东风 240 越野六驱拖炮车底盘在河北只有一辆。单位任命我为攻关组长，小组根据积累 6 年的相关分析经验公式和唐山港口成功经验，配置了 ZQS-15-4 型异形双桥探头，双笔电子点位差式记录仪，深度同步记录伺服角机，加载车液压用涡轮螺杆地锚机安放 6 只地锚满足反力要求，成功完成 35 孔静力触探测试任务，工作效率每天 4 孔，最大深度 82.7 m，Qc 量程 52 MPa，并提供了地层岩性曲线分层标准、液化判别、重度、承载力、变形模量、基桩参数经验公式和判定结果，受到委托单位饶耀光总工和铁路项目单位的好评。同时之后发表的《静力触探技术在唐山地区的应用》论文、河北省 1993 年 QC 小组成果河北省一等奖“提高静力触探质量和效率”等经验公式与成果表部分，以及 128 组典型地层静载荷试验对比结果，纳入了 2005 年《河北省建筑地基承载力技术规程》（试行），为行业提供了重要技术依据。当然，2010 年之后的进口设备已经具备了 3 项或多项指标的原位测试能力，深度能力也提高了很多，记录仪提升为先进便捷的单板计算机数字记录仪器。例如铁三院进口的德国静力触探车贯入测试深度已达 150 m 以上，目前国产设备还没有同类产品生产。

### （二）岩溶塌陷地质灾害勘察设计治理案例

1999—2001 年，为根治唐山市体育场室内田径馆中心体育场多次严重岩溶塌陷地质灾害难题，确保中日韩中学生运动会如期举行，我被抽调到唐山市住建局设计处，作为技术负责人专门主持勘察设计治理施工项目，主要工作内容为勘察任务与技术要求制定、勘察方案审定、勘察成果论证验收、治理设计论证审定、施工监管、竣工检测验收、工后监测等工作。该项目采用了物探与钻探结合、施工探治结合、动态信息化施工、水文监测

原唐山市体育中心体育场岩溶塌陷之前原貌

和变形监测结合，治理设计和地基处理与大悬挑张拉膜结构设计结合等，协同管理方式，如期按质量要求完成了政府主管部门下达的任务，保证了公用设施安全正常

岩溶治理后百米高层硅谷商业大夏项目

使用，为北方覆盖型岩溶勘察治理积累了丰富经验。

主要技术特点：①瞬态瑞利波法、高密地震映像法等物探方法查明构造，特别是断裂构造交会处主导岩溶土洞塌陷部位，溶蚀及土洞物探异常地层缺陷部位分布；②钻探验证底层缺陷、地下水漏失和流场异常部位、找到天窗和气鼓与真空吸蚀规律；③探治结合控范围、负压填料、多段注浆；④注水检测、抽芯检测、扰动带原位测试检测、水位监测、建筑物监测等。该项目由河北省建设勘察院有限公司完成，时任梁金国总工主持，获得国家优秀工程勘察设计奖。

2002—2017 年我继续管理了唐山 10 项居住区老小区的岩溶塌陷专项勘察工作，主持了 5 项高层新建住宅

岩溶发育区改造后的启新水泥工业博物馆项目

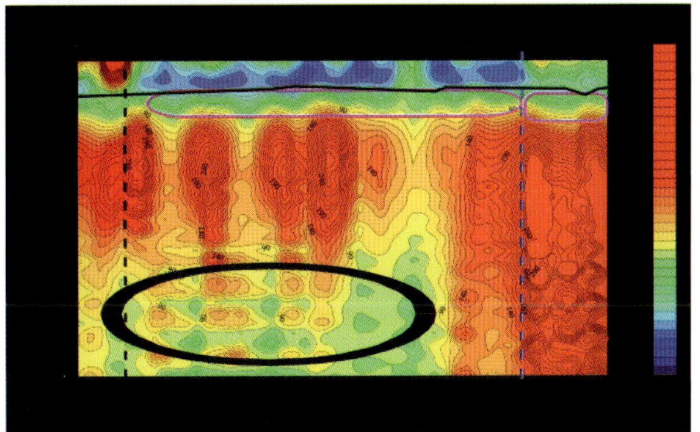
EH4 可控源法实测岩溶物探剖面

小区的岩溶塌陷专项勘察与治理设计施工工作，这些勘察方法逐步扩大到瞬变电磁法、EH-4 可控源大地瞬变电磁法、RT 层析解析法、井下电视和数字成像法、孔间弹性波或电磁波 CT 法；治理方法也从单孔注浆法扩大到双孔注浆、多孔注浆的缺陷层横向洗注及阻断单元注浆法。目前我参与治理的最高项目为百米高层，总建筑面积 120 万 $m^2$，沉降变形监测 8 年一直稳定。这些珍贵的工程经验积累，为河北省及北方地区覆盖型岩溶专项勘察治理提供了借鉴，该项目获得了国家优质工程奖。

提炼出的管理程序和工程经验，纳入了 2011 年唐山市住建局颁发的《唐山市岩溶与采空区地基治理验收管理规定》，为建设项目提供了可靠性技术依据。

上述岩溶塌陷勘察设计和灾害治理的案例经验，大

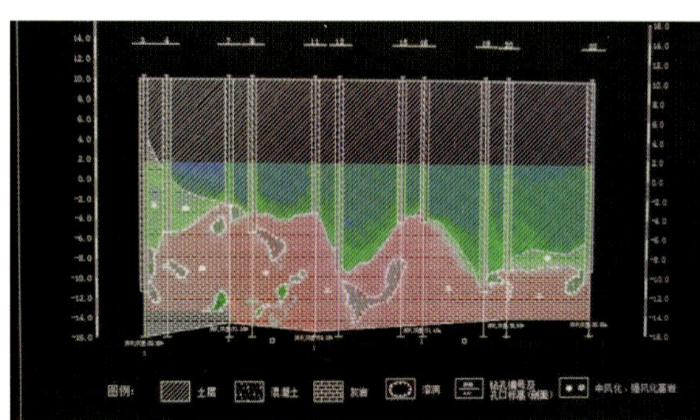
桩基岩溶注浆检测 CT 法剖面一

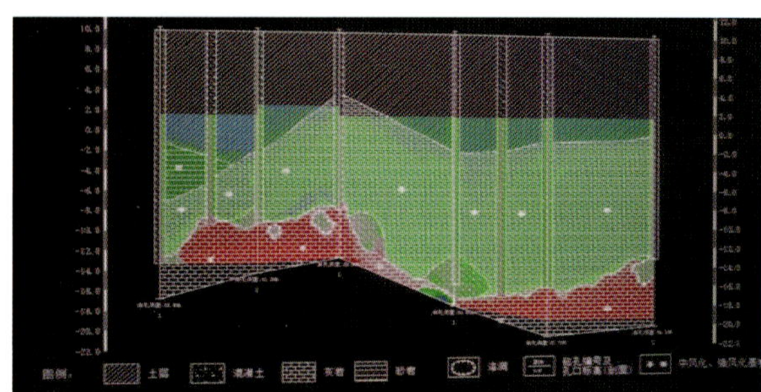
桩基岩溶注浆检测 CT 法剖面二

部分经过了省内专家和国家专家王步云、林在贯、顾宝和、梁金国等岩土大师的指导和首肯，其中埋藏型岩溶塌的勘察物探部分、治理设计、检测验收等实践方法和成果经验，经本人整理并经河北省建筑科学研究院张振拴大师和国家住宅设计研究总院钱力航研究员指导，写入了国标《岩溶地基基础技术规程》相关章节。

### （三）采空区地基稳定性评价和勘察案例

唐山市煤炭工业源于 1878 年 7 月 24 日开平矿务局挂牌，是中国最早的煤矿和中国重工业的北方摇篮。130 余年的煤炭开采遗留下大量的老采空区，传统上一直采用“三下采煤”技术规程评价地面变形和稳定程度，随着现代城市的飞速发展，历史采沉区逐步被圈到了城市规划区，土地资源复垦和利用给这些历史遗留和新形成的采煤塌陷区综合利用带来了机遇。

CSAMT 法最早是由加拿大多伦多大学的斯特兰威（D.W.Strangway）教授和他的学生戈尔茨坦（Myaron Goldtein）于 1971 年提出的。针对大地电磁测深法场源的随机性和信号微弱所导致的观测困难这一状况，他们提出了一种改变方案——采用可以控制的人工场源。从而在理论和实践两方面奠定了 CSAMT 法的基础。CSAMT 法是可控源音频大地电磁测深法的简称，于 20 世纪 80 年代末兴起的一种地球物理勘探新技术，它以电场与磁场的比值表达电阻率，通过改变频率了解地下不同深度的电性特征。方法使用的频率为音频段，由于电磁波在岩石和空中传播速度存在明显差异，使距离信号源一定距离后形成平面波区，电磁波垂直入射大地，通过测量目标点上方的电场、磁场，经过趋肤深度的换算，得出电阻率测深曲线。通过反演计算得出不同深度的电阻率值，并绘制出电阻率参数彩色（黑白）断面图及切片图，供推断地质解释使用。CSAMT 方法工作原理如图所示。

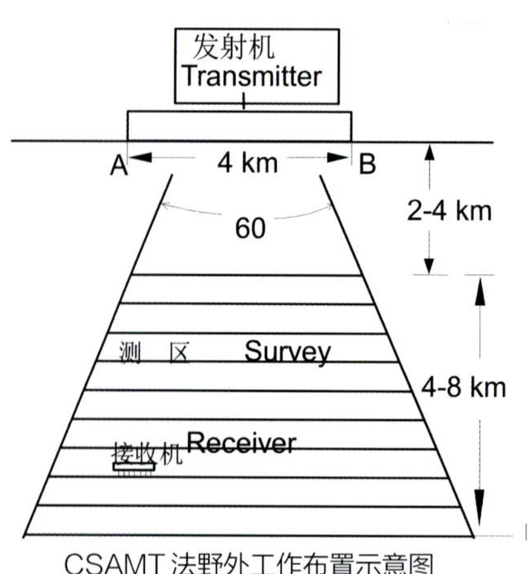

CSAMT 法野外工作布置示意图

CSAMT 法具有如下特点。

①使用可控制的人工场源，信号强度比天然场要大得多，因此可在较强干扰区的城市及城郊开展工作；②测量参数为电场与磁场之比，得出的是卡尼亚电阻率；由于是比值测量，因此可减少外来的随机干扰，并减少

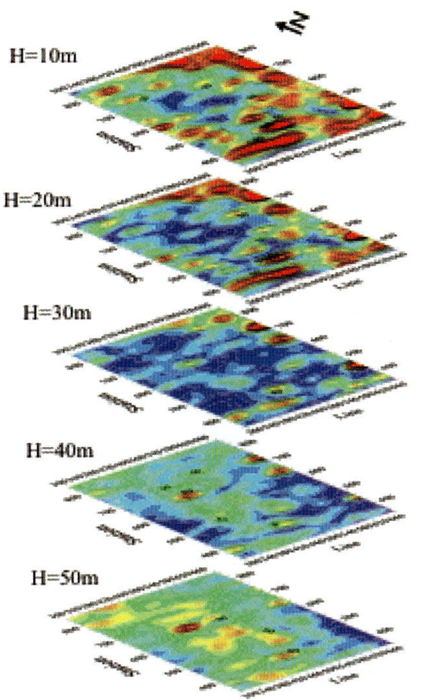


CSAMT 法 10 m 深度间隔同电阻率分布切片图（H = 10 ~ 50 m）

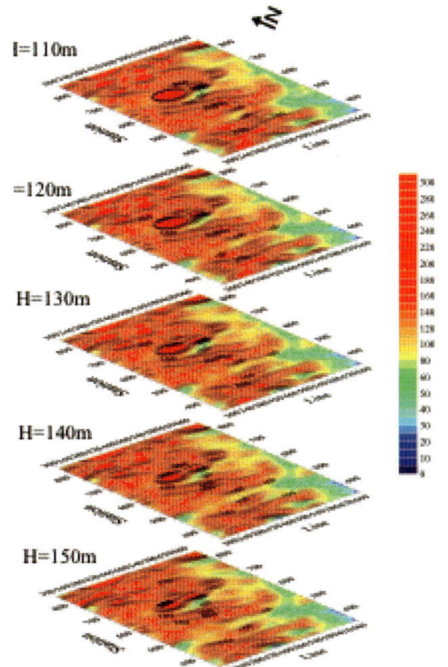


CSAMT 法 10 m 深度间隔同电阻率分布切片图（H = 110 ~ 150 m）

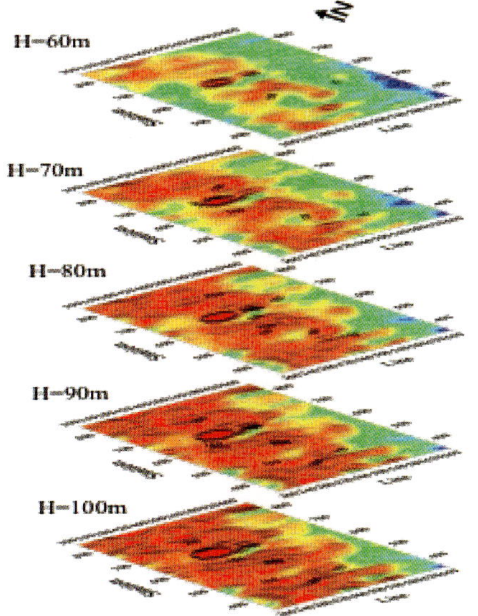


CSAMT 法 10 m 深度间隔同电阻率分布切片图（H = 60 ~ 100 m）

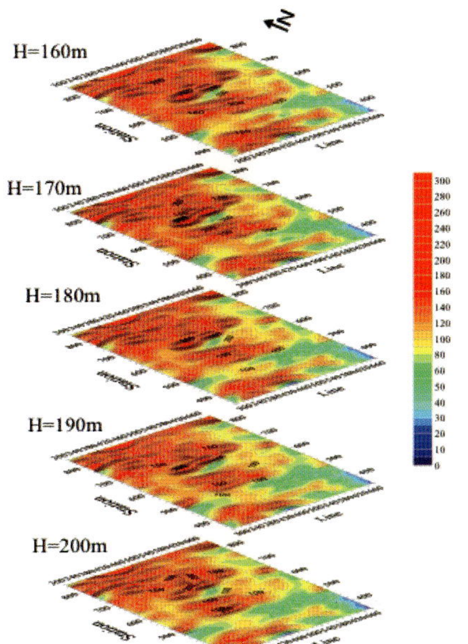


CSAMT 法 10 m 深度间隔同电阻率分布切片图（H = 160 ~ 200 m）

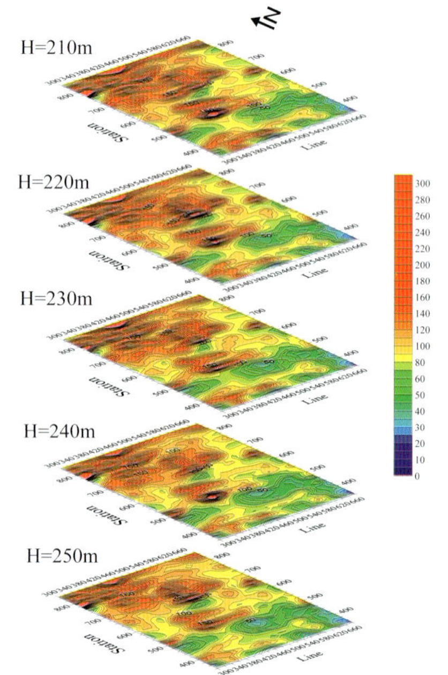
CSAMT 法 10 m 深度间隔同电阻率分布切片图（H = 210 ~ 250 m）

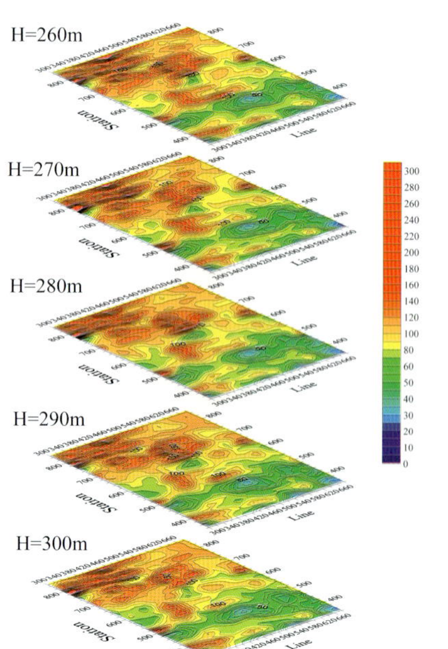
CSAMT 法 10 m 深度间隔同电阻率分布切片图（H = 260 ~ 300 m）

地形的影响；③基于电磁波的趋肤深度原理，利用改变频率进行不同深度的电测深，大大提高了工作效率，减轻了劳动强度，一次发射可同时完成 7 个点的电磁测深；④ 工作频率 213-2-2 Hz，勘探深度范围大，一般最大探测深度可达 1 ~ 2 km；⑤横向分辨率高，可灵敏地识别构造和目的层；⑥由于接收机在接收电场的同时还要接收磁场，因此高阻屏蔽作用小，可穿透高阻层。

高密度电阻率法也叫电阻率层析成像或简称电成像，RT 是其英文 Resistivity Tomography 的缩写。它是 80 年代从美国和日本开始发展起来的一种新型的电阻率方法。此方法兼具电剖面与电测深的特点，已经被广泛应用于堤坝勘查、考古、工程物探、水文地质勘探等各个方面。

RT 法是以地壳中岩石和矿石的导电性差异为物质基础，通过观测与研究人工建立的地中电流场（稳定场或交变场）的分布规律进行找矿和解决地质问题的一组电法勘探分支方法。

该系统的主要特点是：装置形式，测量层数，供电电压可以任意设置；采用大功率的发射机，最高电压可达 400 伏；128 道，每道 8 m 间距。

反演电阻率断面解译如下。

（1）总体特征

从照片 16 各图的电性分布可以看出，地表以下 20 ~ 50 m 的电阻率为几十欧姆米，解释为第四纪覆盖层“——”表示基覆界面。根据场区详勘钻孔揭露覆盖层厚度，以上部分为第四系覆盖层，以下为基岩。将电阻率反应的覆盖层厚度与已有资料相核实，吻合较好。

与南北向测线比较，东西向测线没有反映地下 200 m 深度的岩性界面，电阻率较高，这充分显示了地层的各向异性特征。

（2）区域断裂构造

区域断裂构造在东西向剖面上反映并不明显，局部有反映，如图中的箭头标记处。

（3）其他异常 EW 向测线上浅部岩溶裂隙、破碎带、小规模溶洞异常，煤系地层区异常，含水构造破碎带异常，深部低阻异常等与 SN 向测线对应较好。

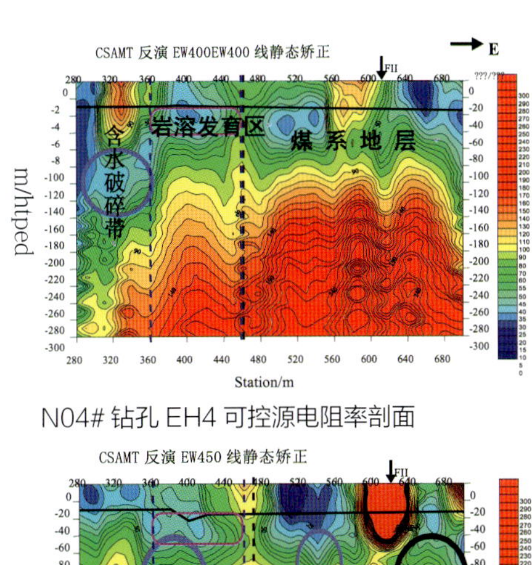


N04# 钻孔 EH4 可控源电阻率剖面

CSAMT 反演 EW450 线静态矫正

N04# 钻孔 EH4 可控源电阻率剖面

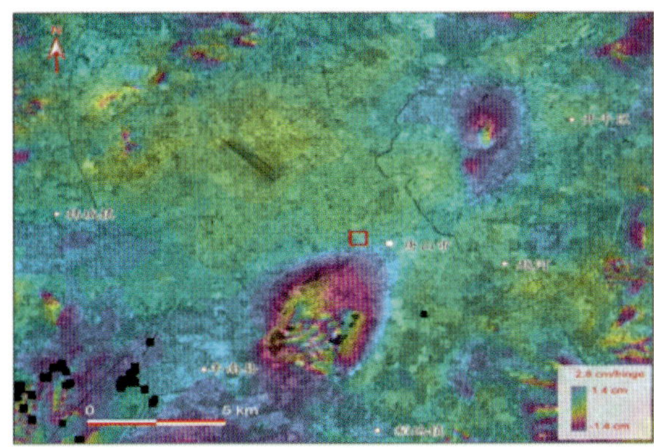

南湖及其周边 InSAR 地表形变图像

采空区残余变形地基上世园会大门

唐山最大的老采空区是南湖公园，1997 年以来，南湖开始纳入环境整治规划为生态公园，经历了 20 多年的治理和建设，唐山南湖已经改造为 1 300 $hm^2$，水面 165 $hm^2$，规划面积 30 $km^2$，比西湖大了好多倍。其中 2016 年世界园艺博览会园区就在其中，核心区 5.4 $km^2$，建筑一轴 11 处建筑，八园分八个园区，选址建设最重要就是采空区地基稳定性评价。我单位作为地级市的规划建筑设计研究院，从规划选址出发，配合规划主管部门和煤炭科学研究院，整理 insar 卫星图片数据分析沉降宏观变化，科学分析采动区地基变形规律，测定分析模拟采沉变形场，预测沉降变形、拉张变形、压缩变形残余量，结合必要的物探和采空区专项勘察工作，参与了大量的详规调整技术咨询、论证和调研工作，圆满完成了专项勘察和施工图抗变形设计工作。例如世界园艺博览会 6 号大门的 120 m 大跨度钢结构 + 抗变形地基基础勘察设计，小南湖的七孔桥的设计地基处理，南湖蓄水安全论证，13 个木屋别墅、招待中心、迎宾馆地基处理，龙泉禅寺残余变形与地裂缝处理，高填方加固勘察设计施工处理，坏损挡墙加固处理，植物馆和低碳馆煤矸石粉煤灰地基综合地基处理与检测，路基沉降煤气管线抗变形设计，影视基地煤矸石地基水下大功率碎石桩加复合碎石换填处理，路网和市政、水系及南环路勘察设计，水系充水保持咨询，废弃井筒封堵方案咨询论证，45 m 高的垃圾山固废和污染土处理后高阁建筑地基基础和结构处理，采空区上的东郊动物园等项目。历时近 20 年，经过全市人民的全力建设，美丽的唐山南湖展现在城市南端，美丽的生态，漂亮的景观，会永久供世人游览观赏。

采空区建设项目的选址和施工图勘察设计与工程验收管理办法，已经纳入了 2011 年唐山市住建局颁发的《唐山市岩溶与采空区地基治理验收管理规定》（试行），

南湖及其周边 InSAR 地表形变图像

采空区高填方地基上建设的龙泉禅寺

采空区上建设的美丽唐山南湖公园

技术规定大多分散在各专业技术标准之中，技术工作方法还在逐步完善。十年来我共完成多层住宅小区 5 个，高层小区 2 个，低层小区 4 个，加油站、单栋多层建筑 10 余项，案例不多，谨供同行参考。

**（四）山地高边坡挡墙防护设计案例**

高坡防护案例很多，囿于篇幅只简述一类，即强降水区山地建筑边坡防护设计。如海南五指山溪林雅居项目，占 105 亩占约 7 万 $m^2$，建筑面积 8 万 $m^2$，建设内容为别墅、洋房、小高层公寓。场地高差 105 m，坡面台地 7 级，左为小溪，中为景观高脊同时叠加景观水系和泳池，右为风化自然坡地，相对坡高 8~24 m。每排建筑后留景观绿化采光井，建筑地基各类全有，小溪和坡地设有 1~3 层架空，顶部靠山建筑岩质边坡和建筑错级咬合，单栋之间设山地台阶配景观台阶和连接平台，局部设山地上坡面水流泄洪涵洞连接水系，地基岩土为中 ~ 强风化花岗岩、风化残积土，基岩存在偶见大型 X 形节理面，地层薄厚不均，坡度陡立，部分区段存在坡床填方泥石流隐患，路网展开困难，区域年降水量 1 750 mm，罕预集中降水 550 mm，排水流量和径流复杂，区内溪水流量干扰。边坡类型为永久性一级边坡，局部 37 m 边坡坡顶设有 16 层高层，多数坡顶通行道路，消防车回车场等，道路坡度 5%~12%，配电站、多级泵房等。读至此处读者一定会觉得条件复杂纷乱，最后我总结的岩土解决方案：总图→竖向总图→路网→市政→建筑边沟→景观→边坡→地表排水→边坡→泥石流防护截挡→泄洪管涵→各类地基基础→装入分类综合→ BIM 建模→修改交叉点→回每个专业修改→回最终总图→各专业施

工图→回到最终 BIM →出图报审。这就是本案例岩土专业防护挡墙设计的全部条件。如果一个出错各专业全会都出现交叉错误，哪怕一个无障碍坡道也会因位置受限难以拉出 0.5% 坡度，挡墙结构和类型选取反而变得容易了，设计条件研究反而变得更加重要！

### （五）软土快速固化技术案例

沿海滩涂和吹沙造地建设区，分布了大面积软土和吹填土，高塑性、高含水量、欠固结、低强度、含盐量高、处理时间长，这类软土处理是岩土工程师难题。

河北的曹妃甸港、黄骅港等软土地及处理通常采用堆载预压、真空预压、排水板法、真空动力法、碎石挤压、固化剂表土固化法等，取得了大量成功经验。而我在总结前人经验的基础上，自主研发了一种快速固化方式，现已应用于曹妃甸工业区的某钢铁物流园吹填流泥、生态城某调峰热电站、南堡某小高层住宅等。

岩性：原生新近沉积淤泥质粉质黏土。

物力指标：$W$=28%~55%，$I_p$=10~16，$IL$=1.0~1.2，fak=55~60 kPa。

设计复合地基承载力：fa=110~135 kPa（置换率 m=0.175~0.22）。

固结时间或龄期：7 D 达到 28 D 强度。

处理工艺：干粉水泥搅拌桩法。

工艺措施：五合一外加剂配置（憎水剂 + 引气剂 + 速凝剂 + 早强剂 + 膨胀剂）。

实验室试块强度：有侧限水泥掺量 14%~16%，qu=4.2~8.0 MPa（5 D 龄期）。

原位取芯试块强度：无侧限水泥掺量 14%~16% qu=3.6~7.2 MPa（7 D 龄期）。

桩间土挤密效应厚度：50~150 mm。

检测复合地基承载力：fa=120~145 kPa（置换率 m=0.175~0.22）。

不同的软土特性、物理组分、化学组分、力学指标、水泥品种和特性条件下，需要适配和标养试块验证。案例表明适合的外加剂措施是改变传统工法适用条件和改善提高处理效果和提高效率的正确途径，创新不宜囿于标准，可以有根据改进，使之有了新的功效。

### （六）坚硬岩大直径桩快速成孔技术案例

嵌岩桩通常主要工作是破碎岩石，工艺主要有三种即冲击破碎、切削破碎、研磨破碎，一般采用清水或泥浆作为稳定夜和冲洗液。乌卡斯冲击钻进效率低成本也低，适用各类岩石；正反循环钻进以切削为主，中硬岩以下适用；旋挖钻机动力足，效率比正反循环钻进高，成本略高，适用无侧限饱和单轴抗压强度不大于 55 MPa 岩石钻进；研磨法钢粒或金刚石钻进桩基工程很少用；牙轮钻进是研磨和切削复合类，能够提高效率，但是遇到坚硬岩石效率任然不尽人意；针对 60 MPa 以上的白云岩以及辉绿岩、玢岩、玄武岩等火成岩困难明显加大，对于 80~160 Mpa 的微风化花岗岩等坚硬岩石，只能靠 360、400 型以上大功率旋挖钻机，但钻具截齿磨损过于严重，成本往往提高到 6 000~8 000 rmb/m$^3$，钻机效率依然很慢。

例如福州平潭管廊项目、厦门湖里区海沧隧道项目，岩性都是 120~160 MPa 的微风化花岗岩，上覆大量球形孤石、饱和砂、淤泥质软土，360 以下的旋挖基本难以为济，有合适的效率高、孔壁稳定的工艺吗？答案是有！经过十余年的摸索研发试验，市场上挖掘出原英格索兰为代表的矿山用潜孔锤传统钻进技术，只是通用矿山钻机直径小，石油钻井最大直径叶限于 D508。大直径整体潜孔锤应用较为成熟的设备如美国录马、日本重机、韩国钻石和大宇、我国香港汉机和力骏等，直径为 D800、D1200、D1800 为主，同时也有 D1200 以上至 D2000 以上的组合锤（又称捆绑式）。近 3 年内我国内地天和、黑金刚、金箭铭、阿特拉斯合资厂等陆续生产了 D800、D1000 直径的整体锤。总体看来，大直径潜孔锤空气钻进应用受钻具质量不稳定、机具配套难、主机选型不适、空压机空气动力站成本高、技工对工艺不熟悉而导致的故障多发等原因制约了快速推广。

经过十余年的持续努力，我们经历螺旋排渣潜孔锤工艺、直杆裸孔潜孔锤工艺、双驱动代管螺旋排渣潜孔锤工艺后，于2016年10月研发并首次在国内应用了D800可回收式旋转扩孔套式全程跟管钻具，改进了国外和香港地区采用抛弃型扩孔套（ring环）钻具，实现了超硬花岗岩地层钻进扩孔、跟管、旋转可回收式扩孔套钻具，为国内首例。

回收式扩孔套全跟管扩底钻头

可回收式旋转扩孔套全程跟管潜孔锤钻进工艺特点：①直接穿越各种土层、孤石、饱和砂、坚硬岩石；②套管直接跟到孔底、不塌孔、不漏水，只要孔底基岩不透水就能保持干孔灌注；③环隙排渣效率高、孔底排渣干净、套管整体回收、钻进效率高等。经与厦门同工地360旋挖钻机功效对比，效率是旋挖钻机的5~10倍，造价成本低10%~20%，如能广泛推广，符合现代高效稳定的大直径桩工程需要，尤其适合施工期有限的项目使用。

基本工艺要求如下：

①钨钼合金带跟管套扩底钻头；

②专用可回收回转式扩底套；

③刚度直径适中的套管系统；

④大直径冲击器和带杆衣的钻杆系统；

⑤减震器、入气阀、油雾器（又称注油器）；

⑥可调速回转驱动和施压与提升系统；

⑦钻机主机。

基本工艺参数如下。

①设计排渣风速 :12~20 m/s。

②钻压：1.35~1.70 倍。

③转速：((冲击频率 / 每破碎深度 5~10 mm 冲击次数) × 周长 × 2/3) /@25.4 r/min。

④风压：中高压冲击器建议 1.7~2.0 MPa，风量满足排渣风速计算。

⑤风速计算：携渣率 15~20%，风量 / 环隙截面积。

全国首例超硬岩大直径可回收扩孔套跟管潜孔锤

**（七）其他项目**

本人还完成了四川平武县南坝镇震后建设勘察设计工作，新疆援建项目技术指导工作，西藏阿里地区日土县日土镇对口新农村建设技术指导工作，河北省唐山市第一条综合管廊勘察和岩土部分设计、第一个海绵城市的勘察设计岩土部分、配合完成我院第一第二个BIM设计项目，完成了曹妃甸工业区首钢最早软基处理的两个试验段测试；率先引入PHC高强预应力混凝土管桩并启动编制了《河北高强预应力混凝土管桩技术规程》，发挥了先进产品技术引领率先进入河北唐山，省内推广应用有标准可依，促进新型产品社会化，促进技术进步和科技产品推广应用；主持并顺利申报了河北省勘察设计行业里第一家高新技术企业。

关于科技创新和高新技术企业工作基本情况如下。

2012 年在院班子领导下，我分管主持高新技术和科技创新工作。多年来我带领科技和管理人员成功申报了河北省勘察设计行业里第一家高新技术企业；2015 年顺利通过高新技术企业二次申报；2018 年第三次申报已经报卷。三次申报高新技术企业引领了我院勘察设计技术研发团队上了三个台阶。从第一次科技成果组织编研，到第二次全员创新和有序申办自有知识产权，我院每年组织完成 20~30 项企业研发项目，获得单位软件著作权 14 项，单位发明专利 4 项，单位实用用新型专利 12 项，单位被评为唐山市科技创新企业，河北省优秀勘察设计企业（院）等荣誉。同时，我指导了唐山 4 家勘察设计企业陆续完成了高新技术企业申报，促进行业内平行单位的科技进步水平。

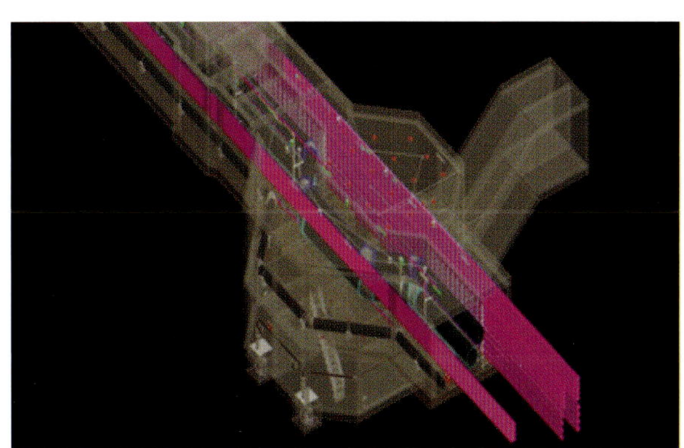
唐山某综合管廊工程标准段 BIM 截图

唐山某综合管廊工程支撑结构现场照片

2018 年启动了唐山市科技局校企科技研发中心，研发任务是：①地下空间 BIM 技术开发与应用；②软土地及固化技术研究与应用；③冻结法在地下工程中的应用技术，并立项启动编制《河北省地下工程冻结法技术标准》，等等。

【结语】作为一名岩土工程界的后来人，受益于诸多前辈和同行的教益，幸运之极！虽然从业 32 年来自觉勤奋拙有微成，但静思长考之余，唯恐愧于读者，终觉学识行知尚浅，深知要作为一名优秀的岩土工匠，必须一直躬身潜心修为，才能真正成为对岩土工程界有贡献的人。青山挡不住，毕竟东流去，岩土工程行业依然会浩然前行。借此结语一隅，诚挚地感谢丛书策划人和各位编辑的辛苦斧正，欢迎同行们批评指正。

## 获奖项目

① 2016 年 3 月，唐山万达一号建筑（大商业），获河北省优秀勘察设计三等奖。

② 2015 年 1 月，唐山市建设路紫金广场 ，获河北省优秀勘察设计三等奖。

③ 2014 年 3 月，唐城壹零壹项目一期，获河北省优秀勘察设计三等奖。

④ 2013 年 10 月，唐山万达广场 1 号建筑项目，获中国施工企业管理协会国家优质工程奖 。

⑤ 2013 年 10 月，铁尾矿在建筑材料中综合利用关键技术，获住建部华夏建设科学技术二等奖。

⑥ 2013 年 12 月，东旭花园商住项目工程（勘察），获河北省优秀勘察设计三等奖。

⑦ 2013 年 1 月，唐山市建设路紫金广场，获河北省优秀勘察设计三等奖。

⑧ 2012 年 12 月，唐山紫微星贵宾大厦（紫微星会馆），

获河北省优秀勘察设计三等奖。

⑨ 2012 年 3 月，唐山南湖风云岛九孔桥、邀月岛三孔桥、锦鳞岛三孔桥、香茗岛七孔桥，获河北省优秀勘察设计三等奖。

⑩ 2010 年 12 月，唐山东城绿城，获河北省优秀勘察设计三等奖。

⑪ 2010 年 3 月，开滦 16 号小区，获河北省优秀勘察设计三等奖。

⑫ 2005 年 12 月，唐山昌隆大厦，获河北省优秀勘察设计二等奖。

⑬ 2000 年 11 月，潘家峪惨案纪念馆，获全国第九届优秀工程设计银奖。

⑭ 2000 年 11 月，潘家峪惨案纪念馆，获建设部部级城乡建设优秀勘察设计一等奖。

⑮ 2005 年 2 月，唐山昌隆大厦，获河北省优秀勘察设计二等奖。

⑯ 2002 年 9 月，唐山市银安花园 201 号楼，获河北省优秀勘察设计二等奖 。

⑰ 2002 年 6 月，唐山高新技术开发区火炬大厦，获河北省优秀勘察设计二等奖 。

⑱ 2003 年 2 月，唐山市西郊污水处理厂，获河北省优秀勘察设计三等奖。

⑲ 2002 年 6 月，唐山金色家园住宅小区，获河北省优秀勘察设计三等奖。

⑳ 1999 年 1 月，NGK 唐山高压电瓷有限公司，获河北省优秀勘察设计三等奖。

㉑ 1993 年 4 月，提高静力触探效率与精度，获河北省优秀勘察设计二等奖 。

# 参加编制技术规程、软件及专利

《河北省建筑地基承载力技术规程》

DB13（J）T105-2010《预应力混凝土管桩基础技术规程》

DB13（J）T123-2011《长螺旋钻孔泵压混凝土桩复合地基技术规程》

DB13（J）T133-2012《建筑基坑工程技术规程》

DB13（J）T152-2013《岩土工程勘察地层描述技术规程》

DB13（J）T189-2015《既有建筑地基基础检测技术规程》

GBJ（x）xxx-2015 岩溶地区地基基础设计规范（报批稿）

JGJ /T422-2018《既有建筑地基基础检测技术规程》

发明专利：边坡监测预警系统 (2012)，发明人

软件著作权：基于动态建模技术的企业档案管理信息系统 V1.0（1015SR85423），发明人

新型专利：智能宠物舍 2016210698067

# 撰写和发表论文

① 1996 年 3 月，《贮灰场粉煤灰工程特性和地基加固技术—粉煤灰地基的粉体喷射搅拌桩处理》，发表于《粉煤灰综合利用》1999 年第 3 期，第一作者，同时获得《粉煤灰综合利用》创刊十周年优秀论文一等奖。

[ 简介 ] 本文介绍唐山废弃粉煤灰贮灰场作为建筑场地的工程地质性能和粉体喷射搅拌桩复合地基处理实践，并对该类粉煤灰系地基受力机理进行了分析。

② 1999 年 7 月，《科技英语的反向翻译》，收录于《教育学者论坛》（中册），吉林科学技术出版社，第二作者。

[ 简介 ] 本文介绍专题介绍了英语的否定句法和肯定句法的反向表达在科技英语中的常见类型，并分类介绍了翻译要素和应用方法，为科技英语的准确翻译提供指导。

③ 2000 年 3 月，《储灰场粉煤灰资源化治理的研究应用》，发表于《河北勘察》2000 年第 3 期，第一作者。

[ 简介 ] 本文概略介绍了唐山市粉煤灰贮灰场粉煤灰资

源化应用、粉煤灰的工程地质特性、火山灰反应机理、工程加固治理应用方法等，为开辟贮灰场为建筑用地、实现土地资源再生提供了全新途径。

④ 1998年4月，《静力触探技术在唐山地区的应用》，发表于《河北勘察》1998年第4期，第二作者。

[简介]本文介绍了唐山内陆及沿海不同地质成因类型地区的静力触探法土质分类、力学分类的静力触探双桥曲线特征、承载力计算经验公式、地层界定原则、Qc与压缩、容重、剪切指标相关关系等，可供工程勘察原位测试分析使用参照考。

⑤ 2002年8月，《岩土工程复合工法研究应用》，河北省建设系统优秀科技论文（一等奖），第一作者。

[简介]解决复杂地质条件下的岩土工程问题。采用多种工艺方法在实践中无统一模式和标准，本文提出几种典型的复合工法实例并进行了作用机理探讨。

⑥ 2002年8月，《唐山某体育场岩溶塌陷地质灾害成因与治理对策》，河北省建设系统优秀科技论文（二等奖），第二作者。

[简介]本文介绍该工程岩溶发育机理、塌陷地质灾害的破坏机制，从治理对策、工艺方法等进行了解读。

⑦ 2006年8月，《广义m法与地下墙柱的结构内力分析》，河北省建设系统优秀科技论文（一等奖），第一作者。

[简介]本文针对地下墙柱变位及内力一般解的计算原理，提出了16项广义m法交互影响无量纲系数，扩大了原m法与弹性抗力模式的对应范围。

⑧ 2002年8月，《平原地区道路街沟与平石的改进》，河北省建设系统优秀科技论文（三等奖），第三作者。

[简介]本文针对平原地区街沟与平石设计不合理，路面雨水排水不畅、漫溢等问题导致交通拥堵影响。

⑨ 2006年8月，《煤矸石地基处理的工程实践》，河北省建设科技（优秀论文一等奖），第一作者。

[简介]煤矸石地基处理是老矿区建设常见问题，本文通过煤矸石强夯设计、原位测试、载荷试验等案例进行了分析。

⑩ 2003年8月，《水泥搅拌桩配合比设计问题探讨》，河北省建设系统优秀科技论文（二等奖），第一作者。

[简介]本文介绍软土地区水泥土搅拌桩的水泥掺量、粉煤灰、减水剂等与土层岩性、含水量、含盐量等关系，提出了不同条件下的配合比选用建议，供同行参考。

⑪ 2004年8月，《大体积混凝土基础施工技术措施与质量控制》，河北省建设系统优秀科技论文（二等奖），第一作者。

[简介]大体积混凝土的浇铸存在体积变形裂缝多，水化热过高，养护难度大等问题，本文通过大体积混凝土浇筑的工程经验介绍提出了控制温差裂缝的不同掺料的合理配比、养护方法、后浇带等措施，有实用价值。

⑫ 2009年2月，《基于GIS的唐山地区工程地质环境评价》，发表于《河北理工大学学报（自然科学版）》。

【技术团队主要技术业绩】

发明专利：高楼快速载人逃生装置，2013101324272。

发明专利：预制装配式一体化复合墙体，201710884746.7。

发明专利：双电磁控制电子机械锁，2017475285。

发明专利：砌体结构整体性加固方法，201010565876.2。

发明专利：防屈曲支撑构件，201721241981.4。

新型专利：提拔闸门型雨水溢流装置，201620496637.9。

新型专利：预制块井圈式弃流槽装置，201721243291.2。

新型专利：铸铁井圈式弃流槽装置，201620496636.4。

新型专利：用于建筑消防的送风系统，2011204276294。

新型专利：建筑轻钢复合板，02237784.0。

新型专利：太阳能风能供电十重控制智能升降桩，2016210684736。

新型专利：框锁门，201020574745.6。

新型专利：无线网络楼宇门控制装置，200620012199.0。

软件著作权：唐山市规划建筑设计研究院AutoCAD自动成图系统，V1.0 2018SR475360；

建筑设计制图标准化数据发布系统，V2.0 2018SR5263285；

电气设计制图标准化数据发布系统，V2.0 2018SR526328；

暖通设计制图标准化数据发布系统，V2.02018SR527706；

给排水设计制图标准化数据发布系统，V2.0 2018SR572785；

参编规范：

河北省《双面彩钢板复合风管技术规程》；

河北省《雨水控制与利用工程技术规范 》；

河北省《MS 及 MSB 连锁砌块建筑构造图集》；

《海绵城市建设工程技术规程》（DB13（J）/T210-2016）；

《海绵城市设施施工及工程质量验收规范》（DB13（J）/T211-2016）；

《海绵城市建设设施标准构造》（DBJT02-111-2016）；

《预制装配式钢筋混凝土排水检查井》标准图集（DBJT02-108-2016）。

# 韩立君

正高级工程师，国家注册土木工程师（岩土）、一级建造师。1986 年毕业于桂林冶金地质学院水文地质与工程地质专业，1988 年由中国有色金属工业总公司长沙勘察院调入河北建设勘察研究院有限公司。2003 年起担任河北建设勘察研究院有限公司总经理，2007 年至今任公司董事长、党委书记。

**社会任职**

担任中国勘察设计协会工程勘察与岩土分会常务理事、河北省建筑业协会副会长、河北省土木建筑学会副理事长、河北大学机械与建筑工程学院兼职教授、石家庄市长安区第十三、十四、十五、十六届人大代表等职务。

**个人荣誉与学术成果**

韩立君同志先后入选河北省“双十双百双千”人才工程第二层次人选，荣获河北省“五一劳动奖章”“全国勘察设计行业优秀企业家（院长）”“全国住房城乡建设系统劳动模范”“河北省政府质量奖”个人奖，享受河北省特殊津贴专家。

韩立君同志自参加工作以来，长期从事专业技术工作，并且始终十分注重自身能力和素质提高，勤于实践，善于总结，勇于创新，具有深厚的专业理论知识和丰富的实践经验。他紧密结合重大关键技术问题，积极开展创新创优活动，主持和参与实施了深基坑双排桩结构合理支护参数的研究、湿陷性黄土地基夯扩挤密效应试验研究、腐蚀环境下桩基混凝土的腐蚀机理及抗腐蚀桩身材料实验研究、深厚软土地基中基坑开挖对基桩的影响研究、地下空间开挖的关键技术与应用等多项科研课题，取得了重大科技成就；荣获河北省科学技术进步一等奖 2 项、三等奖 2 项，河北省建设行业科技进步奖 2 项，国家优秀工程勘察银奖 1 项；出版专著《深基坑双排桩结构合理支护参数的研究》，参编技术规范《河北省建筑地基承载力技术规程》《低强度混凝土桩复合地基技术规程》，在国家核心刊物发表多篇论文。

**单位评价**

韩立君同志是勘察设计行业一名优秀的复合型技术专家，具有深厚的专业理论知识和丰富的管理经验。在他的带领和推动下，河北建设勘察研究院有限公司坚持以科技为先导，积极开拓市场，项目遍及全国 30 个省市地区，业务范围扩展到电力、石化、冶金、交通等诸多行业，承担完成了一大批有影响的国家、省、行业重大项目。近年来，在他的带领下，公司积极响应国家“一带一路”战略倡议，先后在印尼、巴基斯坦、伊朗、孟加拉、马来西亚、尼日利亚等 12 个国家成立了分公司并承接工程项目，取得了良好的社会效益和经济效益，为公司的发展壮大做出了卓越贡献。

韩立君 ○

# 自传

1963年2月，我出生于河北省承德市一个普通家庭，从小就生活在山城的我，对于工程地质产生了浓厚的兴趣，虽然那时还不知道“工程地质”这个名词。1982年，我报考大学的时候，选择了桂林冶金地质学院水文地质与工程地质专业，1986年毕业后，先在南方城市打拼，首先进入了中国有色金属工业总公司长沙勘察院工作，1988年调入河北建设勘察研究院有限公司。

自参加工作以来，我始终认真学习贯彻党的各项路线方针政策，爱岗敬业，遵纪守法，坚持诚信为本，廉洁自律，在岩土工程行业勤奋耕耘逾30年，从施工一线基础技术工作做起，一步一个脚印不断总结提高、开拓进取，兼顾专业技术和先进的管理发展理念，先后担任现场技术员、技术室主任、工程专业处处长、主管技术副院长等职务，2003年走上领导岗位，任河北建设勘察研究院有限公司总经理，2007年至今任董事长、党委书记。自20世纪80年代末期开始，我与公司技术同人一起率先在河北省开始了岩土工程技术领域的实践与探索，在该领域取得了多项技术突破和创新，主持和参与实施了深基坑双排桩结构合理支护参数的研究、湿陷性黄土地基夯扩挤密效应试验研究、腐蚀环境下桩基混凝土的腐蚀机理及抗腐蚀桩身材料实验研究、深厚软土地基中基坑开挖对基桩的影响研究、地下空间开挖的关键技术与应用等多项科研课题。

作为勘察设计企业的管理者，我始终认为企业要坚持以科技为先导，并积极开拓市场，目前公司项目遍及全国30个省市地区以及境外印尼、伊朗、巴基斯坦等“一带一路”国家，业务范围扩展到电力、石化、冶金、交通等诸多行业，完成了一大批有影响的国家、省、行业重大项目，完成经营收入连续多年保持在全国勘察设计前百名之列，并初步建立形成了具有自身特色的岩土工程技术体系，为推动我省勘察和岩土工程技术的发展发挥了重要作用。公司先后被授予“全国五一劳动奖状”“全国优秀勘察设计企业”“全国建设科技进步先进集体”“全国勘察设计行业创新型优秀企业”“河北省先进集体”“河北省首批‘巨人计划’创新创业团队” “勘察设计行业实施卓越绩效模式先进企业”等称号，已成为河北省工程勘察和岩土工程行业发展的排头兵。

# 工作业绩及代表性项目

韩立君同志自参加工作以来，长期从事专业技术工作，具有深厚的专业理论知识和丰富的实践经验，并且始终十分注重自身能力和素质的提高，勤于实践，善于总结，勇于创新。从20世纪80年代末期开始，就与其他同志一起率先在河北省开始了岩土工程技术领域的实践与探索，承接完成了多项国家及省市重点工程的岩土工程施工任务，在河北省岩土工程领域取得了多项技术突破和创新。近年来，随着国家经济社会发展及市场需求，韩立君同志紧密结合工程勘察和岩土工程专业技术领域发展中的重大关键技术问题，积极开展创新创优活动，参与、主持和完成了多项重大工程项目和科研项目，解决了工程中遇到的技术难题，取得了显著的经济和社会效益，为推进我省工程勘察和岩土工程技术进步和行业发展做出了突出贡献。

视察施工现场

**主要工程业绩**

1.“张家口建工学院危楼加固工程”项目

项目简介：河北建工学院9号、10号住宅楼，由于地基不均匀沉降，导致建筑物墙体开裂、楼梯局部沉降。特别是10号楼，是一栋教授楼，1995年5月17日破土动工，1996年1月17日验收交付使用，1996年4月1日发现楼梯局部沉降，墙体开裂，最大裂缝宽度为6 mm。事故发生在建筑工程学院，在社会上引起很大反响，中央电视台曾予以曝光。为此，建设部、省政府、省建委领导极为重视，责成我单位组织技术攻关，对该项目进行治理。

治理方案在1996年5月17日开始，历时44天。项目采用了先进的小直径压浆桩托换技术加固，治理后观测结果表明，至1996年7月中旬建筑沉降趋于稳定，达到预期要求。该技术的应用对危房改造和房屋增层技术的发展，具有极大的推动作用，项目经济效益和社会效益显著。

项目亮点如下。

①通过治理勘察，准确查明了建筑物不均匀沉降的原因，为治理方案设计奠定了基础。

②采用了先进的小直径压浆桩加固技术。①有效性和快速加固：桩身直径110 mm，长7.1 m，桩端位于卵石层，该桩可在狭小空间快速实施，同时由于采用了水泥水玻璃浆液，浆液可快速凝固，使地基快速得到加固；②通过压浆可使浆液渗透影响范围内地基土得到加固，同时桩将上部结构荷载传递到深层土中，减少了上部地基土受荷；③使用我公司改制的XJ-100型小型钻机。

③开展了小直径托换技术研究。静载试验表明，直径110 mm，桩长7.1 m，桩端位于砂卵石层的小直径压浆桩极限承载可达120.5 kN，地基土取样证实，地基土加固效果显著。

④项目获河北省优秀勘察设计三等奖。“小直径压浆桩加固危房地基的研究”获河北省建设科技进步一等奖。

2.“黄骅市邮电枢纽楼桩基及基坑开挖与降水工程”项目

项目简介：本项目占地约3 000 $m^2$，主楼高85 m，地上21层，地下1层。本工程桩基施工完成直径800 mm钻孔灌注桩208根，桩长40.0 m；基坑开挖深度6.0 m降水面积2 000 $m^2$。项目完成总合同额约650万元。项目桩基工程施工合格率100%，优良品率95%。基坑开挖与降水工程方案科学合理，达到了预期目的。

黄骅邮电枢纽基坑

项目亮点如下。

①通过对基坑边坡土体含水量变化后抗剪强度的变化性质分析，对基坑边坡的稳定性进行了验算，针对场地环境及地层韵律特点（5.0 m以下为厚达10 m的软塑地层），结合地层条件及现场环境条件，提出了采用降水放坡的基坑开挖方案，并取得成功。此方案在黄骅地区尚属首次。

②在软土地区采用以轻型井点降水为主，管井降水为辅，回灌井控制周边建筑沉降的地下水联合控制技术，既发挥了轻型井点在低渗透性土中降水的优势，又通过管井深层抽降弥补了轻型井点降深不足的问题。

③采用信息化施工技术指导基坑开挖，在附近建筑物上设置了沉降观测点，在基坑周围设置了水平位移观测点，通过对观测数据的分析，确定建筑物近旁注水井的启、停及注水量，确保了临近建筑的安全。

④项目获得2000年河北省优秀工程勘察设计二等奖。

3.“邯郸供电公司点式高层住宅楼基桩及基坑维护工程”项目

项目简介：项目完成灌注桩696根，搅拌桩580根，合同造价592万。由于方案经济合理，比其他方案报价低150万。项目采用双排桩支护措施，既保证了周围环境的安全，又避免了其他支护结构对周围环境的破坏影响。通过止水帷幕设置，保护了周围地下水资源，避免了由于基坑降水可能造成的对周围环境的影响。通过深基坑支护监测与设计分析，总结完善了深基坑双排桩支护设计理论，编写了《深基坑双排桩支护结构设计程序》，推动了深基坑支护技术的发展。首次引进信息化施工技术，获取了海量监测数据，既确保基坑工程的安全，也促进了双排桩支护技术的发展，具有良好的社会效益。

邯郸项目基坑

项目亮点如下。

①项目基坑所处环境复杂（距最近建筑物仅6.0 m），选择了双排桩支护结构，利用双排桩三维结构体系刚度大的优势，保证基坑的稳定性与周围建筑物的安全。地下水采用双轴深层搅拌桩隔水帷幕，坑内管井降水的方案，取得良好效果。

②在双排桩围护结构设计计算时，支护结构设计采用了考虑空间效应的弹塑性设计理论，弥补了双排桩悬臂桩围护结构设计理论不足的缺陷；考虑冠梁的作用，协调了各支护桩的受力，提高支护结构的刚度。监测数据表明，设计方法满足设计要求。

③根据经验将报警值用于基坑工程中，弥补了《建筑基坑支护技术规程》（JGJ 120—99）的不足，监测数据表明：报警值科学合理。

④首次按信息化施工的技术要求，在基坑开挖和运行过程中，对土应力、支护桩受力、土体位移、支护结构位移等进行监测，获取了海量监测数据，既确保基坑工程的安全，也促进了双排桩支护技术的发展。

⑤该项目获河北省优秀勘察设计二等奖。“深基坑双排桩支护结构设计理论与工程应用”获河北省建设科技进步一等奖，河北省科技进步三等奖。

4．“京唐港粮食储备库地基处理工程”项目

项目简介：京唐港粮食储备库位于唐山市京唐港，其建（构）筑物主要包括平方仓库、铁路和站台、办公楼、堆场区及辅助工程，为国家重点项目。总计处理面积19.39万m²。本工程原设计拟采用CFG桩方案，处理费用预算为621万元，但由于地基桩侧土为欠固结土，侧摩阻力小，且无法发挥桩间土的承载力，分析认为，CFG桩不能满足设计要求，也不经济。经专家反复验算与论证，项目决定采用我公司提出的碎石桩＋强夯的动力排水固结法，同样处理软土地基19.39万㎡，总处理费仅418万元，节约了203万元。

项目亮点如下。

①勘察揭示的地层，主要分3个层位，由素填土、冲填土和细砂组成，特别是作为地基主要持力层的①②层土，结构松散，软硬不均，软弱②层土仅40 kPa，且具有液化现象。通过对地基土的特性、处理厚度和常用加固方法机理的分析，我们创新提出采用动力排水固结原理进行处理。首先设置碎石桩作为排水通道，然后采用强夯对软基进行处理。检测证明，处理效果满足设计要求。

②项目首次采用了信息化施工技术指导地基处理施工，在碎石桩施工及强夯施工后即时进行重力触探、标

准贯入试验和静力触探等原位测试，检测处理后的效果用以指导施工；同时还埋设了孔隙水压力计，以监测施工过程超孔隙水压力的变化，用以确定孔隙水压力消散的过程以及地基土的动力固结程度。

③该项目获得2000年河北省优秀工程勘察设计三等奖。

5. “河北省滦南县供水工程姜泡水源地勘探阶段水资源论证”项目

项目简介：唐山市滦南县姜泡水源地供水水文地质勘探工程（水源地开采规模$5\times10^4\,m^3/d$），通过水文地质调查、水源地勘探（开凿探采结合井12眼探采结合井和2眼观测孔）、多孔抽水试验、大型群孔抽水试验和环境同位素试验，查明了区域及水源地的水文地质条件。该工程第四系地层由多个冲洪积扇叠加，地质、水文地质条件复杂。

项目亮点如下。

①勘察采用环境同位素法，在不同时期采取同位素样品，分别研究区域天然条件和大型群孔抽水试验期间的动态环境下，地下水的同位素变化情况，较好地解决了复杂的水文地质问题。

②水资源评价采用解析法和数值法计算，采用两层地下水同时开采且互相干扰的数学模型，参数用抽水试验资料反演验证，其理论、方法较先进，模型概化合理，与数值法计算相互佐证，提高了水资源评价的精度。

③该工程获得2005年度第九届国家优秀工程勘察银质奖。

6. “华能海门电厂一期1、2号机组新建工程”项目

项目简介：华能汕头海门电厂规划容量6×1000MW，分两期建设。本次工程为先期建设的一期1号、2号机组桩基工程，工作范围为全厂冲孔灌注桩施工全部工作内容；共完成产值约5 458.5万元，收入约1 196万元。经检测，桩身质量全部为Ⅰ、Ⅱ类桩，其中Ⅰ类桩率为96.04%，达到了优良标准，受到了业主、监理、设计、检测单位的一致好评。

华能海门电厂一期工程

项目亮点如下。

①冲孔灌注桩采用冲击反循环成孔、冲击成孔两种施工工艺；针对残积层中有大量的孤石夹层，且孤石的硬度大，施工特别困难，钻头磨损厉害，严重制约施工进度等问题，每根桩采用了超前钻与孤石爆破相结合的施工工艺，有效解决了成孔难题。

②桩型为端承桩或摩擦端承桩，为确保孔底沉渣厚度≤50 mm，采用了气举反循环成孔二次清孔施工工艺，实现了孔底零沉渣的高标准，同时使孔内泥浆上下均匀，降低了混凝土灌注难度，进一步完善了冲击钻成孔施工工艺。

③项目荣获2010年度中国电力优质工程奖、国家优质工程金质奖，达到国内领先水平。

7. “石家庄工程勘察地理信息系统”项目

项目简介：“石家庄工程勘察地理信息系统”课题是当前数字化、智能化城市建设的重要组成部分，该课题是河北省科技资源资源数据库建设项目的子项目，是河北省科技基础条件平台建设的重要组成部分。本课题以建立城市工程地质地层层序划分标准为基础，研究建立了城市工程勘察地理信息系统和城市建筑沉降监测信息系统，再以两个系统存贮的海量数据为基础，以岩土

工程反分析理论为指导，建立了考虑地基与基础共同作用的地基沉降分析方法，计算出实体建筑作用下的地基变形参数，使地基与基础设计更加科学、合理。

项目亮点如下。

①建立了以信息管理和综合应用为主导的城市岩土工程信息系统，系统可有效利用已有的岩土工程信息资源，为城市建设服务。

②项目获第十四届全国优秀工程勘察设计奖银奖，该课题作为子项的“地下空间开挖的关键技术与应用”获得2015年河北省科技进步一等奖，获2010年度河北省优秀工程勘察设计奖一等奖。

③研究成果已在北国开元环球中心岩土工程勘察项目、石家庄地铁线路规划设计、河北方大科技有限公司住宅楼等20余项工程中运用，取得综合经济效益千余万元。

8. “江苏大唐吕四港电厂‘上大压小’新建工程”项目

项目简介：本工程中共完成PHC(600)-110AB型管桩2 549根，PHC(500)-100AB型管桩132根，桩身强度C80，合计117 167延米，产值2 781万元。

项目亮点如下。

①监测超孔隙水压力，找出了孔隙水压力消散规律，确定了合理的沉桩时机和施工间歇，既保证了施工质量，又保证了施工进度。

② PHC管桩施工过程中，穿透硬层进入较厚软弱夹层，锤击沉桩时桩身将产生很大的拉应力，沉桩时极易将桩身拉裂。施工采用在桩端加“挤土板”的方法，有效地降低了桩身拉应力，保证了施工的顺利进行。

③该工程获得2010—2011年度国家优质工程银质奖，达到国内先进水平。

江苏大唐吕四港电厂“上大压小”新建工程

9. “辽宁大唐国际阜新前后查台（2×49.5 WM）风电工程”项目

项目简介：该工程中33台轮毂高度70 m、单机容量1 500 kW的华锐SL1500风机的承台基础、箱变基础及接地网的施工，共完成土石方开挖38 058 m$^3$，土石方回填19 053 m$^3$, 混凝土12 578 m$^3$，钢筋加工1 134 t，工程总造价1 520万元。

项目亮点如下。

①采用了三支点调平九分圆弧检查的安装调平方法和对称斜面分层浇筑混凝土的施工方法，有效保证了混凝土浇筑后基础环顶面的任意两点高程符合要求。

②根据基础的几何尺寸，制作定型钢模板，大大缩短了施工工期，保证了风机基础的几何尺寸和浇筑质量。

③采用了掺加粉煤灰、UEA膨胀剂等掺和料的低水化热混凝土；对称斜面分层浇筑分层振捣；预埋热偶电阻监测混凝土内部温度等施工措施，有效防止了温度裂缝的产生。

④通过设计变更将承台短柱由正八角形改为内切于八边形的圆形，不仅方便了施工，每一基础混凝土还减少了1.875 m$^3$，直接节约了成本36 506元。

⑤该项目获得2011—2012年度国家优质工程银质奖和中国电力优质工程奖，达到国内先进水平。

10. “山西大唐临汾河西热电厂‘上大压小’扩建工程（基础处理工程）”项目

项目简介：本工程采用旋挖钻孔灌注桩、预制方桩、水泥土搅拌桩三种地基处理方式；共完成产值4 859.3万余元，收入2 083.4余万元；经检测，Ⅰ类桩平均占受检总数的95.8%，受到了业主、监理的一致好评。

项目亮点如下。

①本工程采用旋挖钻孔灌注桩、预制方桩、水泥土搅拌桩三种工艺进行地基处理，有针对性地利用了地层特点及优势。

②方桩沉桩时，根据现场实际情况，严格采取“从一边向一边”施打的施工顺序，有效解决了方桩上浮问题；灌注桩采用气举反循环二次清孔施工工艺，有效解决了孔底沉渣问题。

③项目荣获2012年度中国电力优质工程奖，达到国内先进水平。

山西省临汾热电项目现场

11.“腐蚀环境下混凝土耐久性寿命预测与抗腐蚀材料研究”科研项目

项目简介：项目针对工程中混凝土的防腐蚀问题以及耐久性寿命预测难题展开研究，首先基于海量的岩土工程勘察数据，建立了我国首个地基土和地下水的腐蚀性数据库。依托实际工程，历时6年，通过室内试验、现场试验和理论分析，研究出了利用II级粉煤灰和矿粉提高混凝土抗腐蚀性能的有效方法，并给出了抗硫酸盐腐蚀混凝土中的粉煤灰临界掺量的计算方法。自主研发了HJKFZ-1型防腐阻锈剂，经国家建材测试中心检测，性能优良，价格比同类产品低20%。建立了可考虑粉煤灰火山灰效应的硫酸盐腐蚀混凝土过程的数学模型，开发了SRCLPS寿命预测程序，可准确预测长期腐蚀环境下混凝土的寿命，其准确性得到了美国农垦局40年的实际实验数据的验证。

应用成果：依托项目发表论文13篇，其中SCI收录7篇，EI收录11篇。授权实用新型专利1项，软件著作权1项。成果已应用于40余个国内外工程项目，直接经济效益约23亿元，其中8项工程获国家、行业或省部级优秀工程奖，已应用工程消耗II级粉煤灰约23.8万吨。项目经济效益、社会效益和环境效益显著，总体达国际先进水平

本项目获得了2017年度河北省科学技术进步一等奖。

# 代表性技术成果

① 1992年在第三届全国地基处理学术讨论会论文集上发表《硅酸盐加固黏性土地基的试验研究》。

② 2008年在《工程勘察》上发表《湿陷性黄土地基夯扩挤密效应试验研究》。

③ 2011年在《岩土力学》上发表《夯扩桩加固湿陷性黄土地基机理研究》。

④ 2008年出版《深基坑双排桩支护结构设计理论与应用》，中国建材工业出版社。

⑤ 2002年参编河北省地方标准《低强度混凝土桩复合地基技术规程》，中国建材工业出版社。

⑥ 2005年参编河北省地方标准《河北省建筑地基承载力技术规程》，中国建材工业出版社。

⑦ 2012年参编河北省地方标准《湿陷性黄土地区夯扩挤密桩技术规程》，中国建材工业出版社。

⑧ 2012年参编河北省地方标准《旋挖钻机施工技术规程》，中国建材工业出版社。

⑨ 2014年参编河北省地方标准《石家庄市区工程地质地层层序划分标准》，中国建材工业出版社。

⑩ 2017年参编河北省地方标准《建筑基桩施工技术规程》。

⑪ 2001年“一种建筑混凝土”获得发明专利。

⑫ 2016 年“抗硫酸盐腐蚀混凝土寿命预测软件”获得软件著作权。

⑬ 2018 年“湿法烟气脱硫效率预测软件” 获得软件著作权。

# 获奖情况

优秀工程奖

① 1998 年“河北建工学院危楼加固工程”获河北省建设工程勘察设计三等奖。

② 2001 年“黄骅市邮电通讯枢纽楼桩基及基坑围护与降水工程”获河北省建设工程勘察设计二等奖。

③ 2002 年“邯郸供电公司点式高层住宅楼基桩及基坑围护工程”获河北省建设工程勘察设计二等奖。

④ 2002 年“京唐港粮食储备库地基处理工程”获河北省建设工程勘察设计三等奖。

⑤ 2004 年“河北省滦南县供水工程姜泡水源地勘探阶段水资源论证”获全国优秀工程勘察设计银质奖。

⑥ 2010 年“华能海门电厂一期 1、2 号机组新建工程”获国家优秀工程金质奖。

⑦ 2010 年“石家庄工程勘察地理信息系统”获全国优秀工程勘察设计二等奖。

⑧ 2011 年“江苏大唐吕四港电厂‘上大压小’新建工程”获国家优质工程银质奖。

⑨ 2012 年“辽宁大唐国际阜新前后查台（2×49.5WM）风电工程”获中国电力优质工程奖。

⑩ 2012 年“山西大唐临汾河西热电厂‘上大压小’扩建工程（基础处理工程）”获中国电力优质工程奖。

⑪ 2013 年“华能大庆绿源风电一期 192 MW 工程（新立、五棵树风电场风机桩基础施工）”获中国电力优质工程奖。

⑫ 2015 年“江苏华电句容电厂‘上大压小’新建工程”获国家优质工程金质奖。

科技进步奖

① 1996 年“硫铁矿渣混凝土桩应用技术研究”获河北省科技进步三等奖（第二名）。

② 1998 年“小直径压浆桩加固危房地基的研究”获河北省建设行业科技进步一等奖。

③ 1999 年“河北建工学院 9 号、10 号住宅楼地基加固”获河北省建设行业科技进步三等奖。

④ 2004 年“低强度混凝土桩复合地基技术规程”获得河北省职工优秀技术创新成果三等奖。

⑤ 2009 年“深基坑双排桩支护结构设计理论与应用研究”获河北省科技进步三等奖。

⑥ 2014 年“地下空间开挖的关键技术与应用”获河北省科技进步一等奖。

⑦ 2017 年“腐蚀环境下混凝土的耐久性寿命预测及抗腐蚀材料研究”获河北省建设行业科技进步一等奖。

# 王哲英

1962年12月生，河北省蠡县人，1983年7月参加工作，西安冶金建筑学院工业与民用建筑专业毕业，大学本科学历，工学学士学位，注册土木工程师（岩土），一级注册建造师，教授级高级工程师。

1983年7月就职于中勘冶金勘察设计研究院有限责任公司（原冶金工业部勘察研究总院），先后担任岩土地基公司副主任工程师、总工办主任兼质量处处长、公司副总工程师、监事会主席等职务。担任公司副总工程师以来，每年策划和审定数十项大型与复杂岩土工程项目的勘察、设计及治理方案，解决了一系列岩土工程技术难题，为中勘冶金勘察设计研究院有限责任公司岩土工程专业的开拓和发展做出了卓越的贡献。

### 社会任职

2003年担任中国冶金建设协会工程勘察委员会副秘书长；2006年担任中国勘察设计协会工程勘察与岩土分会副秘书长，2014年担任河北省土木建筑学会第七届地基基础学术委员会常务委员。2018年被聘为中国勘察设计协会工程勘察与岩土分会第七届理事会企业与文化宣传工作部委员和教育培训工作部办公室主任。

### 主持工程情况及荣誉

王哲英同志任职期间，勤于学习，善于总结，陆续在国内刊物上发表科技论文20余篇，主编了2项国家技术标准，参编了国家技术标准和地方技术标准各1项。主持和审定项目有2项获得国家级优秀工程勘察银奖；8项获得省部级优秀工程勘察一等奖；15项获得省部级优秀工程勘察二等奖。在岩土工程专业领域拥有国家发明专利4件，实用新型专利7件，部级工法3项。其中多项专利技术在工程中得到实际应用，创造了良好的经济效益、社会效益和环境效益。

王哲英同志1993年被评为“保定市青年科技先锋”，2008年被聘为“保定市科协界专家献策服务团”成员，2009年荣获全国工程勘察与岩土行业国庆60周年“突出贡献协会工作者”奖，2011年被中国冶金建设协会授予“全国冶金建设行业高级技术专家”称号，2013年被聘为《勘察科学技术》期刊编辑委员会委员。自2013年起，先后被天津大学建工学院和河北大学聘为兼职教授和硕士生导师，2017年被河北省住房和城乡建设厅、河北省人力资源和社会保障厅授予“工程勘察设计大师”称号。

### 单位评价

王哲英同志大学毕业35年以来，一直从事工程勘察实践和岩土工程技术应用研究，历任技术员、助理工程师、工程师，1999年晋升为高级工程师，2005年晋升为教授级高级工程师。在我公司先后担任岩土地基公司副主任工程师、公司总工办主任兼质量处处长、公司副总工程师、监事会主席等职务。他具有良好的职业道德、扎实的专业理论基础和丰富的工程经验，工作上兢兢业业，技术上精益求精，勤于学习，坚持研究，善于总结。他主持、审核、审定了多项大型、复杂岩土工程项目，有效解决了一大批工程建设项目的技术难题，取得了丰硕的技术成果，其中多项工程获得国家和省部级优秀工程勘察奖。王哲英同志长期倾心公司的技术进步与人才培养，在本专业领域拥有多项专利技术和部级工法，创造了良好的社会效益和经济效益，发表论文20余篇，主编、参编多项技术标准，为岩土工程科学技术的进步做出了突出贡献，是我公司杰出的学术带头人。

王哲英 ○

# 大师自传

我于1962年12月出生于河北省蠡县的一个农民家庭。父母都是普通的农民，生活朴素，但却有着传统中国农民的善良与勤劳，而且非常重视对子女的教育。从我记事开始，父母亲就教育我们要为人诚实，做人正直，艰苦朴素。父母亲的教诲一直伴随着我的成长。父母靠务农养活一家人，父亲有着一手缝纫和裁剪的好手艺，同时还会修理缝纫机，在本村和邻村小有名气。父亲白天下地劳动，利用午休或晚上时间义务免费帮助乡亲们裁剪衣服和维修缝纫机，深得乡亲们的爱戴，是乡亲们眼中的“活雷锋”。受此影响我在学校里也得到同学和老师们的尊重。母亲除了下地劳动，还默默地承担了大部分家务活。就在这样一个贫穷而又温暖的家庭里，我健康、快乐地成长，这也让我从小就养成不怕吃苦，勇于奋斗的性格，并学会助人为乐。

1969年2月，我七岁上本村小学。开学前，母亲教育我，今天的幸福生活来之不易，要好好读书，做个有文化的人，将来学个一技之长，服务于社会。我牢记母亲的话，上小学后，学习上努力刻苦，争当先进。学校组织劳动，我不怕脏不怕累，最终在小学三年级光荣地加入了中国少先队。从此，我每天都戴着鲜艳的红领巾去上学，在本村上学的哥哥和妹妹对我又是羡慕又是嫉妒。 鉴于我的学习成绩较好，班主任让我在小学三年级时担任班里的学习委员，小学四年级直到初中毕业又让我担任班长。从小学到初中我连续五年被评为校级三好学生。

1977年2月，我考入郑村中学学习，虽然这只是一所普通中学，但我在这里过得很愉快、很充实。在学习上，我多次被评为三好学生，也积极参加学校和班级活动。由于学习成绩较好，我深受各科老师们的喜爱。我的数学老师武老师让我印象特别深刻。武老师是湖北人，个头高大，带着一副金丝眼镜，水平很高，脾气不太好，但对我特别好，有疑难问题请教时他总是耐心给我讲解，对我从未发过脾气，因此，我特别喜欢数学课。1977年冬季，中国恢复高考制度，被“文革”冲击而关闭了十余年的高考大门又重新开启，莘莘学子见到了曙光，盼到了希望，举国上下一片欢腾，中国重新迎来了尊重知识，尊重人才的春天。高考是最公平、公开、公正的人才选拔制度，只要你付出，肯定有回报。对于我们这些没有其他门路的农村孩子，考取大学是唯一能走出去的机会。这无疑给我注入了巨大的学习动力。

1978年夏季，蠡县中学要成立一个重点班，在全县范围内选拔学生，择优录取，我有幸考入该重点班。到了县中学，无论教学环境，还是师资力量都比乡级中学要好很多。由于是各乡中学选拔的尖子生，大家学习都更加勤奋和努力，在蠡中学习的近一年时间里，学习是紧张的，气氛是活跃的，使我受益匪浅。

“忽如一夜春风来，千树万树梨花开”，1978年年底，党中央召开了具有历史意义的十一届三中全会，全会决定把工作重点转移到经济建设上来，坚持实事求是，解放思想，使人人享有平等参加高考的机会，不论出身背景。对于我这个农村孩子，这无疑是重大利好。感谢邓小平！感谢党的十一届三中全会。1979年7月7号到9号，是改变我人生命运的三天，我顺利地参加了该年度的高考。这是恢复高考后的第三次全国统考，有468万考生参加了考试，录取了28万，录取率仅6.1%，考上大学的难度可想而知。8月底，填报完高考志愿后，我就在生产队里帮着干农活，因为年龄小，队长分配我们几个学生去看管一块玉米地，防止有人偷生产队玉米。有一天，天刚蒙蒙亮我就到达看管地块。该地块紧临月明河，月明河每年春季和夏季都要由上游水库放水，春季放水用于抗旱灌溉农田，夏季放水主要是为了水库泄洪。到秋季逐渐处于断流状态，经常有人在河边抓到鱼。于是，我也想试试运气，就沿着河边搜寻，没走多远，发现在河边树丛中有一条受伤的大鲤鱼正在挣扎，我脱掉鞋跳入水中，将大鱼捧出水面，推向岸边，受伤的鱼在陆地上没挣扎多久，就被我活捉了，我抱着大鱼兴奋地赶紧往家跑，正在做早饭的母亲拿来称一称足有4斤重，并高兴地连声说，好兆头。果然，第二天我就收到了大学录取通知书。母亲将捕获的大鱼炖好，又做了几样家常菜宴请了本村小学和中学老师，算是作为答师宴。席间，父亲和老师们一再嘱咐我，一定要戒骄戒躁，继续努力，锻炼好身体，多学本领，做有觉悟有道德的人，父亲和老师的话我都牢记在心中。

我以 313 分的成绩（当年本科分数线 265 分）考入西安建筑科技大学（原西安冶金建筑学院）工民建专业，高考中数学发挥得较好，考了 87 分，据班主任讲是我们县的单科第一。接到录取通知书准备入学的那段时间，父母亲着实高兴了一阵子，就连亲戚和邻居都为我高兴。这一年我 17 岁，17 岁的我怀揣着梦想，对生活充满了希望，踏上了入学的火车。火车经过石家庄、郑州、洛阳最后抵达目的地西安，沿途的大城市和美丽风光让我这个农村孩子饱足了眼福，美丽的西安更是让我大开眼界。西安拥有着 5 000 多年文明史、3 100 多年建城史、1 100 多年的建都史，是中国四大古都之一，是中华文明和中华民族重要发祥地之一，丝绸之路的起点。在这样一个融合古老文明和现代气息的美丽城市读大学，我感到自豪和骄傲。

为了这个久违的梦想，我们十年寒窗磨一剑，那些刻苦铭心的日子如今仍旧历历在目。站在新的起点上，我是那么激动，又是那么神往。在四年的大学期间，我深刻地感受到了自己知识的贫乏，能力的缺少，为了学好本领，在学业上我勤勤恳恳，扎扎实实地对待每一门功课，认认真真地完成每一次作业，兢兢业业地做好每一次实验。我在大一时加入了中国共青团，这不仅是一份荣誉，更是一种责任和义务。大学生活比起紧张的高中要丰富多彩许多，有点“海阔凭鱼跃，天高任鸟飞”的感觉，只要你有足够的精力和兴趣，就可以尽情地发挥。大学四年很快就要结束了，临毕业前班里组织了一次联欢晚会，三个女同学带头唱起《年轻的朋友来相会》这首歌，大家一起响应，歌声嘹亮充满整个教室。“创造这奇迹要靠谁？要靠你、要靠我、要靠我们八十年代的新一辈！”场面令人振奋。毕业分别的日子逐渐来临，大家依依不舍，看到朝夕相处了四年的同学们奔赴祖国的四面八方，将大学所学知识用于祖国建设，心里既高兴又舍不得。在火车站同学们说再见时，好多同学都掉下激动的眼泪。2003 年班级组织毕业二十周年庆祝活动，我们又回到阔别多年的母校，同学们在各自工作岗位上都有所建树，圆了歌词中“再过二十年，我们重相会”的心愿。

1983 年 7 月大学毕业，我被分配到冶金部勘察研究总院（后改名：中勘冶金勘察设计研究院有限责任公司），这一年我 21 岁。21 岁的我满怀激情从大学投入到社会的怀抱，开始了我从事岩土工程专业技术工作的生涯。

分配到单位后，我先后从事岩土工程勘察、岩土工程设计、岩土工程施工、土建设计、岩土工程咨询等工作，从描述员做起，直至工程负责人、审核人、审定人，一步一个脚印脚踏实地走过来。从事岩土工程这个行业，免不了经常出差，我的夫人非常理解和支持我的工作，她几乎承担了所有家务，从无怨言，聪明懂事的女儿小时候很乖，她的学习和生活从不让大人费心，让我能全身心地投入工作，在老同志关心和领导帮助下，我一步步成长起来，在老一辈地质工程师“传、帮、带”和自己刻苦努力下，本人已成长为一名合格的岩土工程师，在基层锻炼学习的经历使我终身受益。老一辈技术人员对工作精益求精、严肃认真的工作态度，深深感动了我，我们有义务将这种执着的精神一代代传承下去，为维护岩土工程行业尊严，推动岩土工程行业健康发展和技术进步做出自己的努力和贡献。

# 大师业绩

### 一、开拓岩土工程新领域

王哲英同志1991年担任中勘冶金勘察设计研究院有限责任公司岩土地基公司副主任工程师，此时正值国内岩土工程设计及治理技术刚刚起步阶段，缺少相关规程、规范，岩土工程经验尚在积累过程中，有关计算软件尚在开发，王哲英同志带领岩土地基公司技术团队，通过手工计算进行岩土工程设计并积累工程经验，取得了骄人业绩。2003年起他担任公司副总工程师，此时国家经济建设蓬勃发展，城市建设如火如荼，电力、冶金、交通、石油化工等行业加大投入，全国各类岩土工程勘察与治理项目不断涌现，王哲英副总工程师每年要策划和审定数十项大型工程项目的勘察、设计及治理方案，带领广大技术人员为企业岩土工程专业的开拓与发展壮大做出了重要贡献。2005年起，在立足国内市场的同时，着眼国际市场，先后参与东南亚、非洲等多个国家岩土工程勘察、咨询及治理项目，为一带一路的建设做出应有贡献。

开展学术交流

开展友好交流

（一）大直径人工挖孔灌注桩设计与施工在北方地区推广应用

1986年王哲英同志主持完成“唐钢棒磨山铁矿选矿厂扩底墩设计与施工”。该项工程是我公司首次进行扩底墩设计与施工（也是北方地区首次采用挖孔桩，当时在国内仅深圳、珠海采用此桩型）。通过桩端深层载荷试验，准确判定桩端强风化花岗岩承载力并反算单桩承载力，节约了造价，缩短了工期，结合该项目完善了人工挖孔桩成孔及护壁工艺，工程取得圆满成功。通过该工程实践，为北方地区引进大直径人工挖孔桩提供了可借鉴的宝贵经验，对该桩型从工业建筑向民用高层建筑的推广起到了积极作用。该项目获1989年冶金部优秀工程勘察二等奖。

1989年王哲英同志主持完成了“新疆水泥厂扩建工程石灰石贮存仓及水泥熟料库大直径扩底墩设计咨询及施工监理”，通过桩端岩层载荷试验，大幅度提高桩端地基土承载力，通过适当扩底，将原设计提出的桩径从2.2 m减少为1.2 m，经我院设计咨询后为业主节约桩基费用350万元。项目于1990年投产，从沉降观测数据看，效果十分理想。

2011年王哲英同志指导完成“太钢普明精矿及球团厂挖孔桩设计与施工”项目。该项目坐落在Ⅲ～Ⅳ级自重湿陷性场地上，湿陷性黄土厚度14～15 m，其下伏地层为中密～密实的卵石层，原设计方案先挖除场地表层2～3 m厚的黄土（因强夯加固不能完全消除地基土湿陷性），再进行大能量强夯，然后将挖除的黄土分层碾压回填至设计标高，最后采用钻孔灌注桩方案。原方案挖方、填方增加投资600万元，工期长且不环保，经我公司咨询建议后，采用了直接进行10 000 kN·m大能级强夯方案，钻孔桩改为大直径扩底桩。考虑到建设场地位于干旱少雨地区，强夯加固地基有一定的隔水作用，下部未处理湿陷性黄土层剩余湿陷量远小于规范限值，同时，需加强地面防水等措施，因此强夯处理消除地基部分湿陷量即可。修改后的方案为业主节约投资近千万元，节约工期60天，地基加固效果良好，受到业主好评。

（二）紧盯市场需求，率先介入基坑支护设计与施工领域

基坑工程在建筑行业属高风险技术领域，20 世纪 80 年代中期国内外基坑工程实例很少，缺乏类似工程经验，没有可遵循的规程、规范。在当时的条件下进行基坑设计和施工，既要保证支护结构安全，又要保证周边环境不受到危害，同时还要尽可能节约投资，对从事勘察行业的工程师提出新的挑战。

1988 年负责完成的唐钢二炼桩排式地下连续墙设计与施工工程，紧邻生产车间，现场环境条件十分复杂，经多方案比较，选用了冲击钻机成孔施工的桩排式地下连续墙方案，桩顶设冠梁，并加支撑。在当时没有计算软件、缺少基坑支护经验、没有相关基坑规范遵循的前提下，完全通过人工计算，他提出信息化施工理念，确保了紧邻厂房安全并正常生产，取得了宝贵的基坑设计经验，为类似工程提供有益参考，为甲方减少停产损失费 600 万元。该项目 1991 年获冶金部优秀工程勘察三等奖。

2013 年王哲英同志主持完成的迁安金融街项目基坑支护、降水工程，周边环境条件复杂，地基土为砂卵石层，卵石最大粒径超过 20 cm，地下水位高，渗透系数达到 200 $m^3$/d。计算基坑总涌水量 13 万 $m^3$/d。采用大直径管井（800 mm）降水，密井浅降，严格控制管井填砾级配和质量，支护排桩的施工采用噪声较小泵吸反循环钻进工艺，基坑支护效果十分理想，施工期间对周边建筑和设施无任何影响。该项目获 2016 年度全国冶金行业优秀工程勘察二等奖。

2014 年王哲英同志主持完成“保定市第一中心医院门诊综合楼基坑支护、降水工程”。该基坑南北长约 122 m，东西宽约 100 m，开挖深度 11.5 ~ 15.5 m，基坑东侧距离 5 层门诊楼仅 1.5 m；其他三侧距离既有建筑物 7 ~ 10 m，地下水位埋深地表下 8 m。该项目突出特点是场地狭小，距离既有建筑物太近，地下水降深达 7 m。经调查，基坑降水深度未超过该场地历史上最低水位（历史最低地下水埋深 30 m 以下）。又鉴于该含水层为粉细砂属粒状结构，因此支护方案不考虑帷幕止水，而采取降水措施，支护结构采用排桩加预应力锚杆，适度增加锚杆锁定力，控制支护结构变形；预应力锚杆采用二次压力注浆工艺提高锚杆承载力，采用密井浅降和严格控

建成后的迁安金融街项目实景

建成后保定第一中心医院门诊综合楼

制降水井成井质量措施。通过以上综合技术措施施工，经监测基坑水平位移 6.29 mm，周边建筑物最大沉降 4.69 mm，有效保证基坑周边建筑物的安全，受到业主好评。该项目获 2017 年度全国冶金行业优秀工程勘察二等奖。

（三）大面积吹填造地地基处理设计与施工

首钢京唐钢铁联合有限责任公司钢铁厂（首钢搬迁曹妃甸）工程占地 20 $km^2$，是 21 世纪国际先进水平钢铁厂，工程投资 635 亿元。该工程建造在大规模吹填场地上（吹填土厚 4 ～ 6 m），在国际上属于罕见，由于构筑物荷载巨大，地质条件复杂，对不均匀沉降要求严格，需进行地基处理工程量巨大，桩长每减少 1 m 或单桩承载力提高 10 t，将会给钢厂节约数千万元投资，在该场地进行大规模地基处理及桩基试验尤为重要。王哲英同志指导并监理首钢京唐钢铁联合有限责任公司钢铁厂地基处理试验工程，指导完成该场地岩土工程勘察。试验内容包括强夯试验、真空动力固结试验、CFG 桩复合地基试验、PHC 管桩试验、钻孔灌注桩试验，通过一系列试验工作，最终为设计院和业主推荐经济合理、节能环保的地基处理和桩基方案，并大规模推广采用，受到设计院和业主高度好评。该项目荣获全国工程勘察与岩土行业国庆 60 周年“十佳勘察与岩土工程”大奖。

领导视察首钢搬迁曹妃甸地基处理施工现场

内蒙锡林格勒盟边坡稳定性评价工地

首钢搬迁曹妃甸地基处理施工现场与管理人员合影

工地方案研究

（四）高边坡勘察与灾害治理

边坡的崩塌滑移是山区和露天采矿区多发的地质灾害，王哲英同志指导了公司多项高边坡的勘察与治理设计，取得了较好的治理效果，多次获奖，为公司高边坡的勘察与治理积累了宝贵经验，并编制了国标《非煤露天矿边坡工程技术规范》GB 51016-2014 。

2007 年指导完成的“阳泉市 307 国道复线 K6+300-K7+300 段左侧滑坡稳定性评价与治理设计”，是公司在公路高边坡完成的项目之一。该路段横穿古滑坡体，路基开挖将其分割成左右两部分。左侧部分为古滑坡体后部，路基开挖后使其形成了新的滑坡，属巨型滑坡。

滑坡勘察采用了钻探、探井和地面物探等综合手段结合详细的工程地质调查，查明了滑坡地质规律、工程地质特征、滑体边界条件、结构特征，通过现场和室内试验并经统计分析，获取了准确的滑体及其滑面的物理力学参数，并应用多种先进的数学、力学方法对滑体进行了稳定性验算，为治理设计提供了可靠参数。

治理设计采用了大型抗滑挡墙加预应力锚索、抗滑桩与锚板复合结构、坡脚短锚杆与坡面防水及暗沟排水等综合措施。加固实施后进行长期观测，滑坡稳定，保证了 307 国道复线长久的安全运营和阳煤集团排矸汽运通道，具有显著的经济效益和广泛的社会效益。该项目荣获 2009 年度全国冶金行业优秀工程勘察一等奖。

白云铁矿边坡局部加固

2010 年指导完成的“白云铁矿 2010 年边坡治理工程”，针对采场地质条件复杂，断层、岩脉发育，查清滑体的影响范围及其形成机制，经多种方法计算，提出合理有效的治理措施，对露采高边坡，分别进行综合治理对策研究并实施。

边坡治理工程包括：主矿 E 区 2 号滑体削方、主矿岩脉及不稳定体加固、东矿 B 区滑体边坡综合治理、东矿调度室下方边坡加固。边坡加固除采用常规预应力锚索外，还采用预应力锚固洞塞加固技术。锚固洞塞穿越滑坡体地质条件复杂，成洞及支护难度大，采用预裂爆破与传统隧道爆破技术相结合方法，降低爆破震动对小截面洞室围岩的扰动，特殊地段辅以钢拱架、短锚杆及挂网喷射混凝土等联合措施，取得了较好加固效果。该项目荣获 2014 年度全国冶金行业优秀工程勘察一等奖。

（五）复杂地质条件下大型选矿厂岩土工程勘察

太原钢铁（集团）有限公司袁家村铁矿选矿工业区建在湿陷性黄土地区黄土高坡上，场地被多条沟谷切割，地面最大高差达 81 m，由低到高，厂区最终形成错落有

太钢袁家村铁矿选矿厂区原地貌

致的 6 个台阶。该项目采用先进的勘察手段，对各拟建建筑物有针对性地进行了岩土工程分析与边坡稳定性分析，提供了翔实可靠的基础数据，建议的地基处理方案科学合理，为甲方节约大量建设资金，缩短了建设工期。该项目荣获 2014 年度全国冶金行业优秀工程勘察一等奖。

（六）大型钢厂主厂房及附属设施岩土工程勘察中的新技术应用

指导完成首钢迁钢 2 160 mm 热轧项目主厂房及附属设施岩土工程勘察、设计及施工工程。该项目总投资40亿元，是首钢投资最大的单项工程。该项目采用先进的勘察技术，齐全的勘察手段，提供了翔实的勘察结果，建议的地基处理和基坑支护方案经济合理，超长热扎主厂房基础采用桩基与岩石天然地基相结合的方案，同时考虑在岩石天然地基部分增加抗浮锚杆满足抗浮要求，超大基坑降水采用管井，创新成井工艺和填砾方法，引入降水信息化动态施工方法，达到非常理想的降水效果，

首钢迁钢 2 160 mm 热轧项目基坑支护与降水

基坑支护采用专利技术《短土钉连续墙基坑支护方法》；附属设施采用CFG桩复合地基，解决了一系列技术难题，大幅度降低了工程造价。经长期变形监测，各项指标完全满足设计和规范要求，受到业主高度好评。该项目获2008年度全国优秀工程勘察设计奖银质奖。

（七）沙漠地区开发引进新的地基处理技术

陕西延长集团靖边能源化工项目地基处理及桩基工程位于毛乌素沙漠的南缘，是国家在沙漠地区首次建设重大能源化工项目。沙漠地区建设大型能源化工项目地基处理及相应桩基设计在国内实例较少，王哲英副总工程师带领广大技术人员，经过反复试验完善风成砂无填料振冲工艺，使松散的粉细砂经无填料振冲加固后达到中密－密实状态，在沙漠地区成功推广了长螺旋钻孔压

沙漠地区无填料振冲施工

灌桩后插筋工艺；开发出沙漠地区高压旋喷桩后插筋工艺，比传统泥浆护壁钻孔灌注桩工效提高一倍，工程造价节约30%，且节能环保，沉降观测满足设计和规范要求。受到甲方高度好评。该项目获2014年度全国冶金行业优秀工程勘察二等奖。

（八）开发专利技术应用于工程实践

天津实华原油商储基地含油污水、清净雨水、生活污水、消防水池及泵站抗浮设计与施工项目，坐落在新

天津实华原油商储基地全景

近吹填场地土地基上，地下水位埋深浅且对砼结构具中腐蚀性；干湿交替条件下对砼结构中的钢筋具强腐蚀性。含油污水池、泵站等地下构筑物既要求具有抗浮功能，又要求抵御不均匀沉降，结合该项目，王哲英副总工程师带领技术人员成功开发了发明专利技术《抗浮锚桩施工方法》（专利号 2013 1 0474953.7），该专利特别适应于沿海强腐蚀地层需进行抗浮设计的水池等构筑物，预应力抗浮锚桩既能抗压抵御不均匀沉降，又能抗浮可双向调节，由于锚桩体已施加了预应力，正常工作中不会产生拉裂缝，满足防腐要求和承载要求。该专利技术成功地用于该工程，采用该专利技术施工的预应力抗浮锚桩比普通锚桩和增加配重方法抗浮减少了基坑开挖深度，降低工程造价，施工环保，工期缩短。

（九）代表性研究成果

1. 天津南疆深厚超软吹填地基建设大型油库研究

天津实华原油商业储备基地位于天津港南疆东部港区，海底淤泥厚度约 10 m，新近吹填土达 10.0 m 厚，吹填造地形成的双层超软地基，面临地震液化、欠固结、压缩变形大且持续时间长、采用桩基产生负摩擦、打入桩上浮和位移、震陷、水池上浮、埋地管线不均匀沉降及场地稳定等突出的岩土问题。王哲英带领技术团队对该课题进行

天津实华原油商储基地地基处理研究专题会议

系统预处理及桩基处理研究，提出了科学合理的地基预处理、桩基处理方案，提出污水池等抗浮建筑的地基处理方案，为该项目的顺利实施提供技术保障。结合课题研究，取得专利技术 3 项，部级工法 1 项，发表论文 2 篇。

2. 编制国标《冶金工业建设钻探技术规范》GB 50734-2012

钻探工作与我国的基本建设密切相关，近年来我国冶金工业建设速度较快，从事冶金工程地质勘察和岩土施工的单位很多，新技术、新方法、新设备在工程中不断采用，同时，随着建设规模的扩大，建设难度的增加，对钻探技术和钻探目的的要求也越来越高，钻探施工对操作人员素质要求也较高，为此，确保钻探优质、高效、低耗、环保和安全显得尤为重要。2006 年住建部 136 号文发布《2006 年工程建设标准规范制定、修订计划》（第二批），要求编写国标《冶金工业建设钻探技术规范》，中勘冶金勘察设计研究院有限责任公司为主编单位，王哲英同志为该规范主编人。

规范编制组总结近 20 年来在冶金工业建设工程地质钻探、水文地质钻探与水井施工、基桩孔和成槽施工

规范审查会

及特种钻探、护壁堵漏等方面的工程经验和事故教训，吸收了近 10 年来岩土工程领域钻探采用的新技术、新设备、新方法，对冶金工业建设钻探技术规范制定了更先进、更具体的规定。

3. 编制国标《非煤露天矿边坡工程技术规范》GB 51016-2014

我国是矿山多露采的国家，露天开采的铁矿石占

90%，有色金属矿石占50%，露天矿边坡角大小是影响露天开采安全和经济效益的重要因素。一个大型露天矿边坡角每加陡一度，可减少剥岩费几千万至上亿元，同时，边坡角过陡会造成安全事故，过缓不仅增加剥岩费，还会造成压矿浪费资源。为保证非煤露天矿边坡工程的勘察、评价、设计、监测和治理安全适用、经济合理、技术先进和保护环境，住建部建标（2008）105号文要求编写《非煤露天矿边坡工程技术规范》，中勘冶金勘察设计研究院有限责任公司为主编单位，王哲英同志为该规范的主编人之一。

该规范总结了我国近30年来非煤露天矿边坡工程的实践经验，参考了国外先进技术标准，针对非煤露天矿边坡高大（一般300～500 m，最高超过800 m）、伴随着矿山开采过程边坡高度动态变化、允许边坡岩体产生一定变形、开采矿山持续爆破震动降低边坡稳定性、矿山持续开挖揭露地层为边坡稳定性动态研究提供了条件等特点，对非煤露天矿边坡工程勘察和稳定性评价，确定最优边坡角，处理矿山开采过程出现的边坡问题，边坡运行维护等进行详细规定，为非煤露天矿边坡工程安全运行保驾护航。

## 二、科技成果与荣誉

（一）取得的技术发明专利情况

① 2013年“静载试验锚桩连接结构”获国家知识产权局发明专利（第八名）。

② 2013年“具有自动调节功能的埋地管线施工方法”获国家知识产权局发明专利（第五名）。

③ 2013年“抗浮锚桩施工方法”获国家知识产权局发明专利（第一名）。

④ 2014年“可重复使用的复合材料土钉墙支护面板的施工方法”获国家知识产权局发明专利（第一名）。

⑤ 2013年～2017年共获得国家实用新型专利7件。

（二）取得的工法情况

① 2014年“软土地区钻孔灌注桩钢筋笼孔口定位工法”获冶金行业部级工法（第三名）。

② 2014年“单桩竖向静载试验锚桩横梁反力装置快速组装工法”获冶金行业部级工法（第四名）。

③ 2015年“预应力抗浮锚桩工法”获冶金行业部级工法（第二名）。

（三）其他获奖情况

① 1989年“唐钢棒磨山选矿厂精磨两矿仓扩底墩工程”荣获冶金部优二等奖（第二名）。

② 1991年“唐钢二练铁水倒灌站旁JC柱基灌注支护桩”荣获冶金部优三等奖（第一名）。

③ 2004年“首钢矿山公司水厂铁矿新水尾矿坝稳定性分析”荣获国家优秀工程勘察银奖（第六名）。

④ 2007年“首钢迁钢2 160 mm热带连轧基坑降水工程”荣获全国冶金行业优秀工程勘察二等奖（第二名）。

⑤ 2009年“阳泉市307国道复线K6+300-K7+300段左侧滑坡稳定性评价与治理设计”荣获全国冶金行业优秀工程勘察一等奖（第二名）。

⑥ 2008年“首钢迁钢2 160 mm热轧项目主厂房及附属设施岩土工程勘察、设计及施工工程”获国家优秀工程勘察银奖（第三名）。

⑦ 2009年“首钢京唐钢铁联合有限责任公司钢铁厂一期工程勘察”荣获全国工程勘察与岩土行业国庆60周年“十佳勘察与岩土工程”大奖。

⑧ 2014年“白云铁矿2010年边坡治理工程”荣获全国冶金行业优秀工程勘察一等（第九名）。

⑨ 2014年“延长石油靖边能源化工项目地基处理”荣获全国冶金行业优秀工程勘察二等奖（第四名）。

⑩ 2014年“太原钢铁（集团）有限公司袁家村铁矿选矿工业区施工图设计阶段工程地质勘察”荣获全国冶金行业优秀工程勘察一等奖（第五名）。

⑪ 2016年“迁安市赵店子镇腾龙铁矿边坡加固与砾卵石层止水工程”荣获全国冶金行业优秀工程勘察一等奖（第七名）。

⑫ 2016年“迁安市金融街项目基坑支护、降水工程”荣获全国冶金行业优秀工程勘察二等奖（第三名）。

⑬ 2017年“保定市第一中心医院门诊综合楼基坑

支护、降水工程”荣获全国冶金行业优秀工程勘察二等奖（第二名）。

（四）主要科技论文

①《高压旋喷法加固地基设计与计算的进一步探讨》，《工程勘察》1987 年第 4 期，排名 1。

②《桩排式地下连续墙的设计与施工及在老厂房技术改造中的应用》，《工程勘察》1990 年第 4 期，排名 1。

③《新建建筑物产生裂缝原因的实例分析》《工程勘察》1991 年第 3 期，排名 1。

④《树根桩在既有建筑地基加固中的应用实例》，《建筑技术》1999 年第 6 期，排名 1。

⑤《夯实水泥土桩在新近堆积土地基中的应用》《勘察科学技术》2002 年第 2 期，排名 1。

⑥《某钢厂轧机区 PHC 管桩基础单桩静载抽检不合格原因分析》《勘察科学技术》2003 年第 6 期，排名 1。

⑦《环境岩土工程问题探讨及治理对策》在河北省土木建筑学会工程勘察学术委员会 2015 年度学术交流会作专题报告，并被收入论文集。

⑧《打入预制桩消除地基液化试验研究》《勘察科学技术》2016 年第 2 期，排名 1。

（五）主编和参编技术标准

①《冶金工业建设钻探技术规范》GB 50734-2012。

②《非煤露天矿边坡工程技术规范》GB 51016-2014。

③《工程建设标准体系》（冶金部分），已完成报批稿。

④《河北省建筑地基承载力技术规程》DB13(J)T 48-2005。

## 唐钢棒磨山选矿厂扩底墩设计

建设地点：河北省迁安市夏官营镇
设计/竣工：1986年11月/1987年8月
获奖情况：冶金部优秀工程勘察二等奖

该项目是国家“七五”期间重点工程，是唐钢扩建炼铁工程的配套项目，设计年处理矿石150万吨，年产铁精粉68万吨，总投资1.87亿。

矿仓基础采用大直径人工挖孔桩（在华北地区率先引进该桩型），沉降观测结果满足设计要求，为业主节约大量建设资金。

## 唐钢二炼铁水倒灌站JC柱基灌注支护桩

建设地点：河北省唐山市
设计/竣工：1988年4月/1988年10月
获奖情况：冶金部优秀工程勘察三等奖

该项目为唐钢“七五”规划中150万吨钢铁配套项目，在二炼钢不停产情况下，在柱基间扩建深8.1 m、宽6.5 ~ 12 m的受铁坑，受铁坑外壁距柱基侧面仅0.25 m，地基土内上层滞水丰富，基坑开挖后，将使多个柱基处于三面临空状态，采用桩排式地下连续墙支护方案，确保了紧邻的厂房安全并正常生产，取得了宝贵的基坑设计经验，为类似工程提供有益参考，为甲方节约大量建设资金。

## 预应力抗浮锚桩工法

工法名称：预应力抗浮锚桩工法
批准部门：中国冶金建设协会
公布时间：2015年

预应力抗浮锚桩工法是长螺旋压灌混凝土灌注桩与预应力锚杆巧妙结合的工艺。利用现有的常规桩基设备组合配套，即可快速组织预应力抗浮锚桩施工；生产效率高；无污染；预应力抗浮锚桩既能承受拉力又能承受压力，且在承受上浮拉力的同时不会产生裂缝；抗浮锚桩工作性能稳定、防腐性和耐久性好。

## 《冶金工业建设钻探技术规范》（GB50734-2012）

出 版 社：中国计划出版社
出版时间：2012年出版

本规范共有11章和4个附录，主要内容有：总则、术语和符号，基本规定，钻探准备工作，工程地质钻探，水文地质钻探与水井施工，基桩孔和成槽施工，特种钻探，冲洗介质与护壁堵漏，钻探质量，钻探设备使用、维护与拆迁等。该规范2012年1月21日发布，2012年8月1日实施。

## 《非煤露天矿边坡工程技术规范》（GB51016-2014）

出 版 社：中国计划出版社
出版时间：2014年出版

本规范共分11章和6个附录，主要技术内容包括：总则、术语和符号、基本规定、边坡工程勘察、边坡稳定性评价、边坡监测、边坡靠帮过 程控制与维护、边坡治理工程设计、边坡治理工程施工、工程检测与验收、安全与环保等。该规范于2014年7月13日发布，2015年5月1日实施。

## 迁安金融街基坑支护、降水工程

建设地点：河北省迁安市

设计/竣工：2014年4月/2015年6月

建筑面积：13.5万$m^2$

获奖情况：全国冶金行业优秀工程勘察二等奖

该项目由4座商务楼组成，地基土为砂卵石层，基坑开挖深度7.8～10.3m，基坑东西长约500m，南北宽约95m，基坑北侧有6座建筑物，距离基坑边线2～3m。基坑其他三面紧临市政道路，场地地下水丰富且距离补给源较近。将基坑分为三个降水区域采取管井降水，基坑支护结构采用排桩预应力锚杆和土钉墙支护结构。结合工程我公司开发了适用于大粒径卵石地层的反循环钻头（该钻头已获得国家专利），确保了周边建筑及道路安全，基坑支护效果十分理想。

## 保定市第一中心医院门诊综合楼基坑支护、降水工程

建设地点：河北省保定市

设计/竣工：2014年10月/2015年12月

建筑面积：11.1万$m^2$

获奖情况：全国冶金行业优秀工程勘察二等奖

该项目占地28亩（1亩=667$m^2$），工程投资4亿元，主楼21层，裙楼6层，地下2层。该基坑四周紧邻建筑物，其中东侧距五层门诊楼仅1.5m；地下水位埋深浅，降深大，采用管井降水，密井浅降。支护结构采用排桩加预应力锚杆，通过采取控制水井成井质量和抽水出砂率、采用二次注浆增加锚杆承载力、适度增加锚杆锁定力及信息化施工等综合措施，有效保证基坑周边建筑物的安全，支护效果非常理想。

## 首钢京唐钢铁联合有限责任公司（首钢搬迁曹妃甸）

建设地点：河北省唐山市曹妃甸

设计/竣工：2006 年 1 月 / 2009 年 12 月

获奖情况：全国工程勘察与岩土行业国庆 60 周年“十佳 勘察与岩土工程”大奖

该项目占地 20 $km^2$，工程投资 635 亿，一期工程年产钢 960 万吨，主要建筑包括：世界上最大的 5 500 $m^3$ 高炉 2 座，60 孔 7.63 m 焦炉 2 组以及先进的连铸、冷轧、热轧等 工艺设施。该工程建造在大规模吹填场地上，勘察采用钻探、物探、静力探测等综合手段，得到了详细地层分布规律和可靠的工程参数，分区提出地基处理及桩基方案，首先对建设场地进行强夯预处理加固；对于轻型建筑和厂区道路等采用夯后天然地基，对于荷重不大的中型建筑选用 CFG 桩复合地基和 PHC 管桩基础，对于荷重较大的高炉、主厂房等建筑物采用了钻孔灌注桩基础，经验证符合工程实际，为工程建设节约了投资。

## 阳泉市307国道复线K6+300-K7+300段左侧滑坡稳定性评价与治理设计

建设地点：山西省阳泉市；
设计/竣工：2007年4月/2007年12月
获奖情况：全国冶金行业优秀工程勘察一等奖

该滑坡是由路基开挖切割坡脚形成的巨型滑坡，滑坡最大高度73 m，最大水平投影277 m，滑坡体体积约178万$m^3$，滑坡面积0.142 $km^2$，滑坡勘察采用了钻探、井探、和物探等综合手段，应用多种计算方法对滑体进行稳定性计算，滑坡治理方式采用“减载、固脚、强腰、排水”等综合措施，加固效果良好。

## 白云铁矿2010年边坡治理工程

建设地点：内蒙古包头
设计/竣工：2008年1月/至今
获奖情况：全国冶金行业优秀工程勘察一等奖

白云鄂博矿区主要由主矿、东矿和西矿组成，是大型露天矿。已探明铁矿石储量约15.6亿吨，铌氧化物储量约660万吨，居世界第二位，同时蕴藏着约1亿吨的稀土资源，储量居世界第一位。采场地质条件复杂，断层、岩脉发育，在整个矿山生产服务期内；爆破作业周而复始，振动频繁，随着矿山逐级开挖，会揭露出各种复杂地层，需及时查清滑体和潜在滑体的影响范围及其形成机制，并进行综合治理，为矿山安全绿色开采保驾护航。

## 勘察后建成的太钢袁家村铁矿选矿厂区

建设地点：山西省岚县袁家村
设计/竣工：2009年10月/2012年6月
获奖情况：全国冶金行业优秀工程勘察一等奖

该工程占地面积133.3 $hm^2$，主要建（构）筑物包括原料仓、主厂房、浮选浓缩池、浮选厂房、尾矿浓缩池、药剂制备间、环水泵站等，总投资60亿元。设计年处理原矿2 200万吨，年产精矿750万吨。建设场地位于黄土高坡上。

该项目岩土工程勘察采用井探、钻探及原位测试和现场室内土工试验。根据湿陷性黄土分布情况，将整个场地分为三个区域进行了评价，根据建（构）筑物荷载情况，考虑厂区大面积挖方、填方特点，分别建议天然地基、强夯地基、挤密水泥土桩复合地基，荷重大的建筑采用桩基，为甲方节约大量建设资金。

## 首钢迁钢2160热轧项目主厂房桩基、深基坑支护与降水工程

建设地点：河北省迁安市
设计/竣工：2005年4月/2006年12月
获奖情况：获2008年度全国优秀工程勘察设计奖银奖

该工程总投资40亿元，采用德国西马克公司设备和技术，对沉降要求非常敏感。主要由主轧生产线、加热炉、精粉区、钢卷运输线、旋流沉淀池等组成。其中热轧主厂房长约650 m，宽140 m，基坑深7.3 ~ 15.3 m，地层起伏大，地质条件复杂，地下水位高，旋流沉淀池的基础埋深35 m。勘察报告提出经济合理的地基基础方案和深基坑支护及降水方案，解决了一系列技术难题，大幅度降低了工程造价。经长期变形监测，各项指标完全满足设计和规范要求，受到业主高度好评。

## 延长石油靖边能源化工项目地基处理工程

建设地点：陕西省靖边县工业园区
设计/竣工：2010 年 12 月 / 2011 年 12 月
获奖情况：全国冶金行业优秀工程勘察二等奖

该项目主要建设 150 万吨 / 年催化裂解（DCC）制乙烯装置等 7 套主装置和配套公用工程，是全球第一家以煤、气、油、盐为原料的综合性、大型化、资源综合利用项目。建设场地位于毛乌素沙漠的南缘，在沙漠地区经多次试验并进行工艺改进；成功推广了长螺旋钻孔压灌桩后插筋工艺，经技术创新开发出沙漠地区高压旋喷桩后插筋工艺，在该地区开发、引进和完善的一系列地基预处理和桩基方案取得的效果非常明显，受到甲方高度好评。

## 天津实华原油商储基地预应力抗浮锚桩设计与施工

建 设 地 点：天津港南疆港区
设计 / 竣工：2015 年 5 月 / 2015 年 8 月
获 奖 情 况：取得国家发明专利

该项目占地约 34 hm$^2$，建设 12 座 10 万 m$^3$ 原油罐及消防泵站、输油泵站、生活污水提升、污水预处理站、污水及雨水提升泵站等附属设施，投资额 10 亿元。

该建设场地为新近吹填而成，地下水位高且对砼结构中的钢筋具强腐蚀性，为防止水池及泵站等构筑物上浮和产生不均匀沉降，采用了我公司发明专利技术《抗浮锚桩施工方法》，减少了基坑开挖深度，降低工程造价，施工环保，工期缩短。

## 太钢普明精矿及球团厂挖孔桩设计与施工

建 设 地 点：山西省岚县工业区
设计 / 竣工：2010 年 / 2011 年

该项目投资 12.5 亿元，建设有一条 200 万吨 / 年规模回转窑氧化球团生产线。该项目坐落在Ⅲ～Ⅳ级自重湿陷性场地上，采用大能级强夯方案消除部分地基湿陷性，控制下部未处理湿陷性黄土层剩余湿陷量满足规范规定值，经我公司咨询建议后，将原钻孔灌注桩方案改为干作业大直径扩底桩。为业主节约投资近千万元，缩短工期 60 天，地基加固效果良好。

**图书在版编目（CIP）数据**

河北省工程勘察设计大师丛书 . 勘察卷 / 河北省工程勘察设计咨询协会主编 .
— 天津：天津大学出版社，2018.11
ISBN 978-7-5618-6307-7

Ⅰ . ①河… Ⅱ . ①河… Ⅲ . ①岩土工程 – 地质勘探 – 生平事迹 – 河北 Ⅳ . ①
K826.16

中国版本图书馆 CIP 数据核字（2018）第 269789 号

Hebei Sheng Gongcheng Kancha Sheji Dashi Congshu. Kanchajuan

**策划编辑** 金　磊　韩振平　郭　颖
**责任编辑** 郭　颖
**装帧设计** 《建筑评论》编辑部　吴　迪

**出版发行** 天津大学出版社
**地　　址** 天津市卫津路 92 号天津大学内（邮编：300072）
**电　　话** 韩振平工作室 022-27402281
**网　　址** publish.tju.edu.cn
**印　　刷** 北京利丰雅高长城印刷有限公司
**经　　销** 全国各地新华书店
**开　　本** 210 mm × 285 mm
**印　　张** 9
**字　　数** 339 千
**版　　次** 2018 年 11 月第 1 版
**印　　次** 2018 年 11 月第 1 次
**定　　价** 136.00 元